事のリアル

れる日本の覚悟

岩田　清文

contents

明成社

■第一章■　激変する世界情勢をどう読み解くか

「統合抑止」にシフトする米国と、「困難と不信の世界」

二〇二二年十二月、岸田政権は、日本の安全保障上、歴史的な一歩ともいえる国家安全保障戦略、国家防衛戦略、そして防衛力整備計画（以下、「戦略三文書」）を閣議決定しました。

国家安全保障戦略の結語には、「歴史の転換期において、我が国は戦後最も厳しく複雑な安全保障環境の下に置かれることになった。将来の国際社会の行方を楽観視することは決してできない」と厳しい認識を示した上で、現在が「希望の世界か、困難と不信の世界かの分岐点」にあることを指摘しています。

その後わずか一年半の間に、世界情勢はさらに悪化し、「希望か不信の分岐点」どころか、大きく世界が二つに分かれて対立していく最悪の方向に進みつつあります。その厳しい認識は、二〇二四年七月十二日に防衛省が発表した、令和六年版『防衛白書』冒頭の巻頭言において、木原防衛大臣が、次のような言葉で表現しています。

「国際社会は戦後最大の試練の時を迎え、既存の秩序は深刻な挑戦を受け、新たな危機の時代に突入していると認識しており、わが国を取り巻く安全保障環境も戦後最も厳しく複雑なものとなっています」

そこで、この認識の変化の背景がどのようなものなのか、本論の台湾有事について説明する前に、現在の世界情勢を概観しておきたいと思います。

第二次世界大戦以降、長らく、世界秩序の維持は、米国の力に依存してきました。日本もその恩恵に与《あずか》りながら経済成長してきたことはご承知の通りです。しかし今や、その米国の力に翳《かげ》りが見え始めました。かつて、オバマ大統領は「もはや米国は世界の警察官たり得ない」と発言し、自らが世界秩序を維持する意志と能力に欠けていることを世界中に暴露してしまいました。次のトランプ大統領は、米国はこれまでのように、世界の二つの敵に対して同時に対処する「二正面戦略」を維持することはできないと発言して、世界全体の秩序をコントロールする能力がないことを表明してしまいました。

さらに、続いて登場したバイデン政権が二〇二一年に公表した「国家安全保障戦略」には「統合抑止」という言葉が強調されました。これは、米国一国では力が足りないので、同盟国等の能力も統合して束になって、共通の敵に対処することを意味します。

共通の敵は中国です。米国の国家安全保障戦略には、「中国が唯一の競争相手」とあり、「国家防衛戦略」（二〇二二年十月二十七日）にも、「中国、次いでロシアに対する侵略抑止」が重要と述べられているからです。すなわち、米国は単独では対処できない中国、ロシアに対して、同盟国皆で力を合わせて対応しようと考えているのです。これは裏返せば、米国の弱音を表しているともいえます。

ところが、二〇二三年以降、さらに状況は複雑さを増すとともに、悪化してきています。たとえば、二〇二三年六月四日のフォーリン・ポリシー誌でジョンズ・ホプキンズ大学院教授のハル・ブランド氏はこう指摘しています。

「相互に関連する戦略的パートナーシップを形成し……まだ完全な独裁国家の同盟ではない。しかし、米国が過去数十年直面してきたどの問題よりも、敵対国の集団は結束力が強く危険である。……米国はユーラシア要塞（Fortress Eurasia）の形成を簡単に崩すことはできない」

その三か月後の九月二十九日には、ロバート・ゲイツ元国防長官が、フォーリン・アフェアーズ誌において、「米国は今、過去数十年、おそらくかつてないほど深刻な脅威に直面している。ロシア、中国、北朝鮮、イランという四つの同盟国の敵対国に同時に直面したことは過去に一度もない」と警鐘を鳴らしています。

ロシアと中国、北朝鮮、イランが裏で繋がり、パートナーシップを形成していることへの危機意識です。これだけでも、情勢が「困難と不信の世界」へと進んでいることは理解できると思いますが、今や事態はさらに深刻化しています。

ウクライナ戦争で結束する新「悪の枢軸」

それが明確に示されたのが、二〇二四年六月十四日の主要七か国首脳会議（G7サミット）の声明です。ここでは、中国を名指しして、ウクライナ侵略を続けるロシアを支援していることへの「深刻な懸念」が表明されました。米国のジョー・バイデン大統領も、この会議の場で、「中国は武器を製造する能力と技術を提供している。実際にロシアを助けている」と指摘しています。実際、二〇二二年二月から続くロシアのウクライナ侵略を通して、中国の対ロシア支援の事実が少しずつ見えてきました。

たとえば二〇二三年、ウクライナの反転攻勢を失敗に終わらせたロシアの強固な陣地は、塹壕の構築に中国から輸出された掘削機が大きく貢献していました。米国シンクタンクのアトランティック・カウンシル（二〇二三年十一月十五日）によれば、ウクライナの反転攻勢に備え、ロシア軍が南部ザポリージャ州で、「スロビキンライン」と称される世界でも類を見ない強固な陣地を構築していた二〇二二年九月頃、中国のロシア向け掘削機の輸出が、前年比で四倍以上に増加していました。

その後、ウクライナが反転攻勢を開始した二〇二三年六月には、輸出は急激に減少しています。塹壕を掘るまさにその時に、必要な掘削機を大量に中国から送り込んで構築し、その塹壕で戦闘が始まりそうになると、ただちに輸出を止めてきたことがわかります。

また中国のロシアへの半導体輸出は、二〇二一年から二〇二二年にかけて二倍以上に膨れ上がり、二〇二三年九月の段階で、既にウクライナ戦争前の年間水準をはるかに上回っていました。さらに米国の戦略国際問題研究所（ＣＳＩＳ）も今年（令和六年）五月二十二日、半導体、ボールベアリング、工作機械など軍民共用部品が、中国と香港に拠点を置くペーパーカンパニーから複雑なネットワークを通じてロシアに流れていると指摘しています。

もちろん、ウクライナ戦争において、ロシア支援を行っているのは中国だけではありません。CSISは、ロシアはこれまでに約四六〇〇機の無人自爆ドローン「シャヘド」を発射していると報告していますが、これは全てイランからの支援によるものです。ロシアが二〇二三年四月～六月、ウクライナを攻撃した弾道ミサイルなどの発射数全体に占める「シャヘド」の比率は五十八％でロシアの攻撃を大きく支えています。また、ロシアはイランの支援を受け、西部タタールスタン共和国エラブガにある工場で「シャヘド」の国内生産体制を既に確立しています。

加えて、北朝鮮も百万～二三〇万発の弾薬及び約五十発の弾道ミサイルを提供したとのCSIS及び韓国国家情報院の指摘があります。二〇二四年六月十九日に訪朝したプーチン大統領と金正恩総書記は、「包括的戦略パートナーシップ条約」を結び、実質的な同盟国となりました。この条約に基づき、今後、ロシアから提供された食料やエネルギー、ミサイル技術などへの見返りとして、粗悪と言われる北朝鮮の弾薬、ミサイルが質的に改良され、ロシアへ供給されることも念頭に置き、警戒していくべきでしょう。

このように、まさにこれら四か国が新「悪の枢軸」として結束を強化し、力による支配を既成事実化しようとしているのです。

正念場を迎える西側陣営

ＣＳＩＳの今年（二〇二四年）四月のレポートは、二〇二四年がウクライナ戦争の決定的な年になると指摘しています。このため西側諸国は、ロシアによる兵器増産速度を上回るペースで、ウクライナへの高性能兵器の供給を最優先すべきと提言しています。兵器の中でも、特に弾薬はウクライナ戦争の戦況を大きく左右してきました。ＣＳＩＳは、ロシアの今年一年間の弾薬生産量を約二一〇万発と見積もっています。これに北朝鮮からの弾薬を加えればさらに増加します。

一方で西側は、米国から三十万〜四十万発（米国防総省）、欧州から約一四〇万発（Newsweek 2024.5.10）、チェコ主導の支援に応じた国々からの五十万〜八十万発（Newsweek 2024.5.10 等）を加えても、年間二百数十万発の供給が限界です。韓国がロシアの警告を押し切って、これまでのウクライナへの殺傷兵器の輸出制限を変更すれば、少しは西側にプラスとなる可能性がありますが、現時点では未知数です。

そもそも、ロシアや北朝鮮には、西側のような労働基準法は存在しないでしょうから、国家の命令一つで、戦時の兵器増産体制に移行できるとみるべきでしょう。おそらく今も二十四時間フル稼働で兵器を生産していると思いますが、加えて、生産ラインの増設や、技術者の集中など、国家の優先事項として強化されていくとみるべきでしょう。

このままいけば、欧州外交問題評議会が今年（令和六年）一月、ＥＵ加盟十二か国、一万七千人を対象に実施した世論調査通り、悲観的な結果になるかもしれません。具体的には、「この戦争の終わり方として最も考えられるものは何か」の問いに対し、「ウクライナとロシアの交渉」による停戦との答えが最も多く三十七％。「ウクライナの勝利」との回答は約十％しかなく、一方、

「ロシアの勝利」との回答は二十%にのぼっています。EU諸国のほとんどの人が、ウクライナは勝てないと思っているのです。

これは決して他人事ではなく、日本にとっても大変重要なことです。もしロシアによるウクライナ四州（ハルキウ、ドネツク、ザポリージャ、ヘルソン各州）の占領が既成事実化されれば、民主主義陣営の重要な価値観である「法の支配」が、権威主義陣営の「力による支配」にねじ伏せられてしまいます。国際法を無視して力ずくで相手国領土を占領しても、国連はなすすべもないことは周知の通りですが、西側陣営の結束と支援の限界をも露呈してしまうこととなります。それは、台湾統一を歴史的な至上任務とする習近平主席を勢いづかせることにつながります。

台湾・日本有事の可能性については、後ほど本論で説明しますが、その可能性がある以上、最悪に備えるのが危機管理の鉄則であり、国家の最も重要な責務です。国を守るために必要な、あらゆる手立てを講じていくべきでしょう。

二〇二四年七月九日から十一日までの間、北大西洋条約機構（NATO）首脳会議において、ストルテンベルグNATO事務総長は、NATO諸国にとって重要な三つの事項を強調しましたが、その一つとして、NATOとインド太平洋地域との連携強化が重要であると強調しました。まさに、NATO、そして日本を含む西側陣営の正念場ともいえる今この時、新「悪の枢軸」に対し、日米同盟、オーストラリア、フィリピンなどアジア・大洋州諸国とNATOの民主主義陣営が連携をさらに強化させていくことが重要です。

習近平独裁政権が目指す台湾統一

さて、権威主義国の連携が進めば進むほど、台湾有事の可能性が高くなると述べましたが、「台湾有事は本当に起こるのか」「起こるとすれば、いつ、どのような状況になるのか」について考えてみます。かつて安倍総理は、「台湾有事は日本有事、そして日米同盟有事になる」とおっしゃいましたが、日本有事となった場合、日本はどのような状況になるのでしょうか。

まず台湾有事、中台紛争が起きる可能性についてです。

起こす当事者は、習近平主席しかいません。彼の最大の狙いは、「毛沢東以来の偉業を成し遂げた英雄になる」ということです。そのために、長期独裁体制を築き上げました。本来なら、彼は二〇二二年十月に主席の地位から降りるべきでした。それは憲法に規定されていたからです。かつて鄧小平主席の時代、主席の地位は一期五年・二期までとして、十年以上は続かないように憲法に定めました。憲法に規定した背景には、毛沢東主席時代の大躍進政策や文化大革命において、数千万人と言われる国民が大量に虐殺されたことを教訓とし、国家主席の任期が長くなって独裁にならないようにとの趣旨でした。

ところが二〇二二年十月、習氏は、無期限に主席が続投できるよう憲法を改正し、毛沢東時代に戻してしまいました。これにより、現在は掟破《おきて》りの三期目に入っています。さらに思想という観点でも、習氏は毛沢東と並ぼうとしました。歴代主席で、「思想」という言葉を使い、指導方針を示したのは毛沢東と習氏だけです。習氏は、「毛沢東思想」に倣《なら》い、「習近平による新時代の中国の特色ある社会主義思想」という概念を打ち出しました。

しかし、独裁体制を続け、自己主張の思想を示しただけでは、毛沢東以来の英雄とはなれません。毛沢東を超えるには、毛沢東でも為し得なかった台湾を統一しなければならないと思っているのでしょう。事実、彼は様々な式典等の場において、台湾統一の必然性と必要性を強調しています。たとえば、「祖国の完全統一を実現することは共産党の歴史的任務だ」（共産党創立百周年式典・二〇二一年七月一日）や、「統一という歴史的な任務は必ず実現しなければならないし、実現できる」（辛亥革命一一〇年式典・二〇二一年十月）、「母国の再統一は実現されねばならないし、必ず実現できる」「武力行使を決して放棄しない」（共産党第二十回党大会・二〇二二年十月十六日）、「戦争に備えた任務の新局面を切り開くよう努めなければならない」（東部戦区指導・二〇二三年七月六日）など、数え上げればきりがありません。

さらに言えば、二〇二四年十一月十六日、サンフランシスコで行われた、習近平とバイデン大統領の会話の中でも、「台湾周辺での中国の軍事的な行動が緊張と懸念を高めている」「来年一月の台湾総統選挙に介入すべきでない」とのバイデン大統領の指摘に対し、「アメリカは『台湾独立』を支持しないという態度をはっきりと具体的な行動で示し、台湾を武装させることをやめ、中国の平和的な統一を支持すべきだ。中国は最終的に統一される。統一は必然だ」と強く反論しています。

普通の民主主義国家であれば、議会があり、そこには野党や様々な反対派がいるわけです。また政府に異を唱えるメディアの存在もあり、国家として暴走することにはブレーキがかかります。

しかし、共産党一党独裁の中国では違います。野党はおろか異を唱えるメディアも存在しません。共産党が全てを決め、その決定に歯向かうものは、いずれ消え去ります。

その中国共産党員約八七七九万人の最高位にあるのが、習主席をトップとする政治局常務委員七名です。この七名のうち、二〇二二年十月までは、鄧小平の流れを汲む李克強、汪洋の二名が、おそらく習主席に対し異議を唱えていたものと推測しますが、結局、彼らは失脚しました。その結果として今、習主席の下には、六名のイエスマンしかいません。つまり、習主席が右と言ったら右、という体制になってしまいました。まさに習近平独裁体制です。誰も彼を止めることができない、非常に危険な体制になっています。

加えて、中国共産党の中には「中央軍事委員会」という組織があります。トップは習近平で、その下に二人の副主席がいます。軍事に関しては、この三名が全てを決定します。副主席の一人、張又侠《ちょうゆうきょう》の父親は習近平の父親の戦友で、幼馴染の関係にあります。

また、二〇二二年八月三日にペロシ米国下院議長が台湾から出国した翌日の四日から約一週間、軍事演習が行われましたが、この演習を指揮したのが、東部戦区司令官の何衛東《かえいとう》です。東部戦区は、中国の台湾侵攻において、その主体となって台湾に攻め込む大部隊です。台湾侵攻の際の現場のトップとして準備を進めてきた指揮官を、中央に大抜擢したのですから、台湾侵攻ができる体制を着々と築き上げていると言えます。益々軍事的な緊張を高めているのが今の中国共産党の現実です。

中国と対峙する台湾の覚悟

一方、中国と対峙する台湾の認識はどうでしょうか。

邱国正《きゅうこくせい》国防部長は、二〇二一年十月、次のように述べています。

「中国は二〇二五年には全面的に台湾に侵攻できる能力を持つ」「私が軍に入って四十年以上だが、最も厳しい」

国防部長というのは、日本の防衛大臣に相当します。このような台湾の危機意識の表れの一つとして、二〇二二年十二月二十七日、蔡英文総統（当時）は、兵役を四か月から一年に延長する法案を成立させました。台湾における兵役期間は、二〇〇八年から二〇一八年にかけては一年間とされていましたが、二〇一九年以降四か月に短縮されていました。それが再度一年に戻されました。この法案が通った直後、蔡総統は記者会見でこう述べました。

「四か月の兵役では今の軍備の必要に対処できない」「台湾が自衛力を強化してこそ、国際社会からより多くの支持を勝ち取れる。われわれがしっかりと準備をすればするほど、中国が早まったことをする可能性は少なくなる」

つまり、自分たちが強くなることによって、米国等の支援を得られ、習主席を抑止できると蔡総統は言っているのです。この法案が成立する一週間前に、台湾で世論調査が実施されました。その結果、回答者の七十三％がこの法案に賛意を示しています。また、実際兵役に就くことになる二十代の若者たちも、三五・六％が賛成しています。このことからも、一般の台湾人の危機意識が高まっていることが窺えます。

また台湾軍の改革として、二〇二四年春以降、憲兵隊を五六〇〇人から一万一千人に増員し、総統府がある台北市を守る部隊の増強が進んでいます。これは中国軍による台湾総統など要人殺害を意図した「斬首作戦」への備えを万全にする狙いがあります。憲兵隊は、総統や副総統らの警護、空港や主要駅などの重要施設の警備、治安維持を担っています。

政権トップの暗殺は、政権を転覆させ、中国との統一を支持する傀儡《かいらい》政権を樹立させる最も手っ取り早いやり方です。ウクライナ侵攻当日の二〇二二年二月二十四日、ロシアはゼレンスキー大統領の首をとるべく、キーウ市郊外のホストメリにあるアントノフ国際空港に、約三十機のヘリコプターに分乗したロシア特殊部隊を進攻させましたが、この攻撃を予期していたウクライナ軍に撃破されました。もし、このゼレンスキー大統領斬首作戦が成功していれば、今頃ウクライナはロシアのものになっていたかもしれません。

ロシアと同様に、習主席は、中国人民解放軍の特殊部隊に命じて、台湾総統の首をとる訓練を重ねています。ご存知の方も多いと思いますが、総統府は旧日本陸軍が作った建物です。これに模した建物と周辺の市街地のセットを中国国内に作り、それを特殊部隊が空や地上から攻撃して、総統を捕獲、あるいは暗殺する訓練を繰り返しているようです。

二〇二四年七月十八日付の読売新聞で、この台北市街地や総統府の建物と認識できる衛星画像が報道されましたが、これは私が所属する国家基本問題研究所と読売新聞との合同での分析結果を掲載したものです。もちろん、このことを承知している台湾は、そうはさせまいと、先ほど述

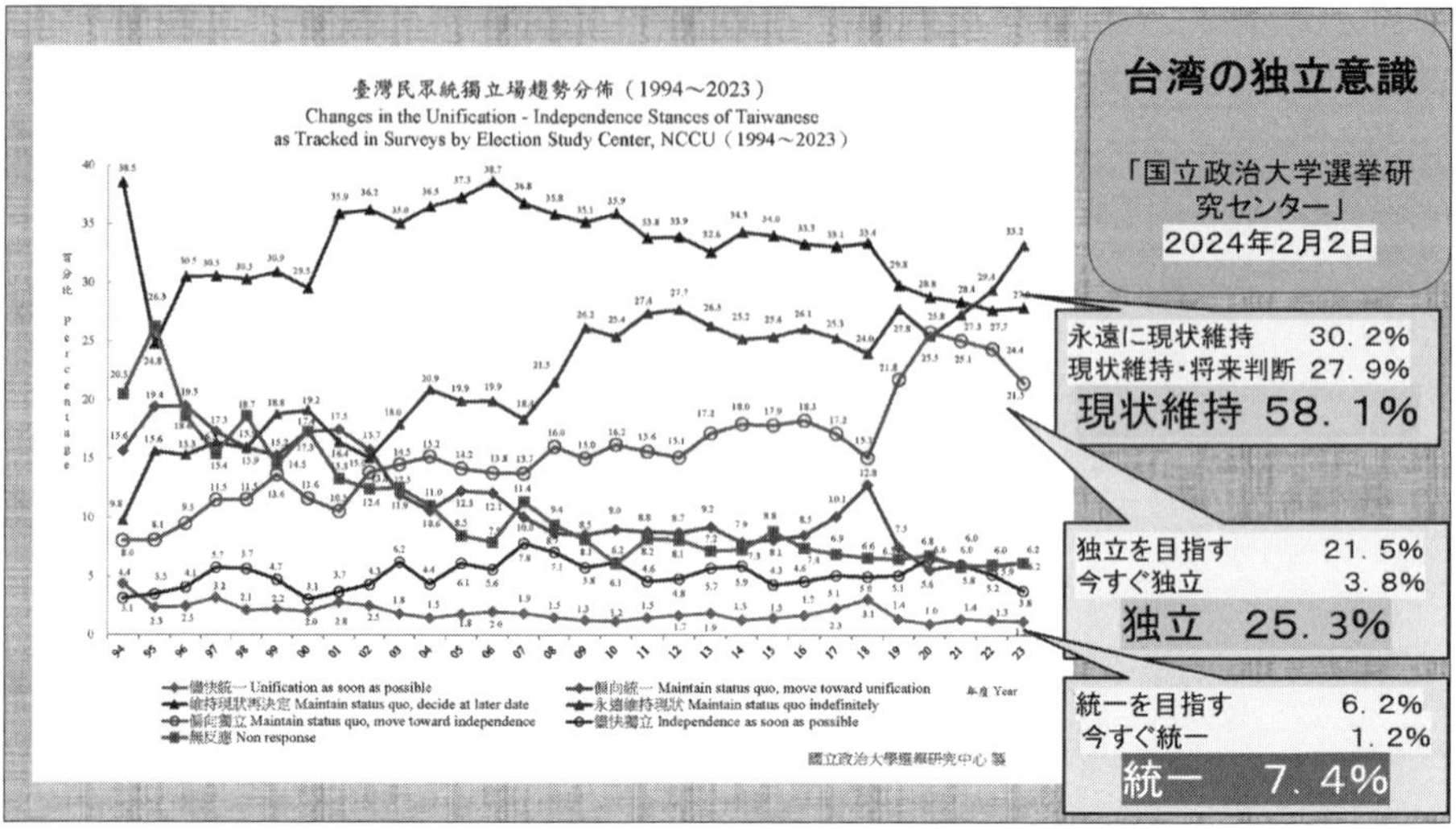

べたように、憲兵隊を倍増するなどの対策をとろうとしているのです。

統一に対する台湾人の意識

では、台湾の一般市民の方々の意識はどのようなものでしょうか。

昨年から今年にかけて実施された二つの世論調査から見てみましょう。

二〇二三年十一月、台湾中央研究院欧米研究所が発表した世論調査、及び米国の独立調査機関ピュー・リサーチセンターが二〇二四年一月に発表した世論調査結果によると、「あなたは台湾人ですか？ 中国人ですか？」の質問に対し、「台湾人」と答えた人が、それぞれ六二・五％及び六十七％でした。「中国人」と答えたのは、二・三％及び三％です。

次に「中国に脅威を感じますか？」との質問に対しては、「はい」が八二・七％及び六十六％でした。「中国は信頼できる」と答えた人は、十一月の調査ではわずか九・三％でした。このことからも、台湾市民の心が、中国との統一から大きくかけ離れていることは明らかです。習氏が目論《もくろ》む中国との平和的統一などは、台湾市民にとっては絵空事に映っているのでしょう。

それは、前頁上図の世論調査においても明瞭な結果として表れています。台湾の独立意識に関して、台湾国立政治大学選挙研究センターが二〇二四年二月二日に発表した世論調査です。「現状維持」が五八・一％（「永遠に現状維持」三十・二％、「現状維持・将来判断」二七・九％）、「独立」が二五・三％（「独立を目指す」二一・五％、「今すぐ独立」三・八％）、そして「統一」七・四％（「統一を目指す」六・二％、「今すぐ統一」一・二％）となっています。台湾の民意の約六割が現状維持を望み、統一はわずか一割に満たない状況を無視して、唯我独尊、自己都合的に統一にひた走る指導者を何と呼ぶべきでしょうか。台湾人の民意を無視する権威主義者、利己主義的な人物として最大級の注意を払うべき対象でしょう。

アメリカの予測と危機認識

次に、いざというときに台湾を助けることが期待されるアメリカの認識です。仮に米国が台湾有事に参戦する際、その作戦を指揮するのは米インド太平洋軍司令官です。インド洋から太平洋までのアジア全域を管轄する指揮官で、普段はハワイの司令部において勤務しています。

二〇二一年三月、当時のインド太平洋軍司令官デービッドソン海軍大将は、アメリカの議会において、「六年以内に中国の台湾侵攻があり得る」と発言しています。つまり、二〇二七年までに台湾有事の可能性があるという見立てです。実は、責任と権限を持つ高官が、米議会という公式の場において、具体的にいつまでに戦争が起きるかという可能性を明示したのは、この時が初めてでした。この発言は、事の重大性から、大きな反響を呼びましたが、デービッドソン司令官の後任予定のアクイリノ海軍大将も三月、議会で「(武力行使の可能性は)我々の大半が考えているよりも迫っている」と、危機意識を口にしています。

ちょうどこの発言の一か月後、二〇二一年四月十六日、菅義偉総理はワシントンでバイデン大統領と会談し、日米首脳共同声明に署名しています。声明では、台湾海峡の安全の重要性が強調されましたが、台湾海峡についての問題意識を、日米のトップレベルで正式に共有したのは一九六九年以来、実に五十二年ぶりでした。

この共同声明に関して、日経新聞がアンケートをとっています。その結果、回答者の七十四%が「日本が台湾海峡の安定に関与すること」に賛成しているということからも、一般の日本国民の関心の高さが窺えます。

さて、その「二〇二七年台湾有事」の可能性に対して、二〇二二年秋になって、米海軍トップのギルデイ海軍大将は、こう述べています。

「過去二十年でわかったことは、中国は約束したことをすべて予告した時期よりも早く実行してきたことだ」「われわれが二〇二七年の可能性を語るとき、二〇二二年の可能性、あるいは二〇二三年の可能性を考慮しなければならない。私はそれを排除できない」

既に二〇二二年、二〇二三年は過ぎましたが、それほど米海軍の危機認識が高いということがわかります。

さらに、その十日後の十月二十六日、外交のトップ、アントニー・ブリンケン国務長官は、「現状はもはや受け入れられず、再統一を求める過程を加速させたいという中国政府の決定がなされた」「再統一を加速させることを期待して、台湾に一層の圧力をかけることや、さまざまな方法で台湾の状況を困難にすることも含まれる」と指摘しています。二〇二七年よりもっと早く統一を成し遂げたいという習氏の意志を強調したのでしょう。

さらに年が明けて二〇二三年一月、米航空機動軍団司令部のマイク・ミニハン司令官が、部下にあてた指示で「私が間違っていることを望む。二〇二五年に（中国と）戦う予感がする」と述べたことがリークされました。航空機動軍団は、約五百機の大型輸送機と空中給油機を持っています。司令官は、台湾有事がひとたび起きれば、この輸送機等を使って、在日米軍基地、グアム・ハワイ・米本土から、米軍の兵士と兵器・物資を台湾に輸送する役割を担っています。この作戦に関する輸送計画を作るためには、かなりの期間を要するので、早く準備しないと間に合わないという意識があるのでしょう。この指示から既に一年半以上時が過ぎています。既に計画は出来上がっているのかもしれません。

さらに衝撃的だったのが、ＣＩＡ（中央情報局）バーンズ長官の次の発言です。

「（諜報活動などインテリジェンスの情報から）中国の習近平国家主席が二〇二七年までに台湾侵攻を成功させるための準備を行うよう軍に指示していることを把握している」「これは習近平が

二〇二七年や、ほかの年に台湾を侵攻すると決断したということではない。ただ、習近平の関心や野心が、いかに真剣かを示すものだ。彼の野心をみくびるべきではない」と、スパイ活動の成果として警鐘を鳴らしています。ここまでアメリカの認識が高まってきているのです。

一方でアメリカは、「そうは言っても、米中が本当に戦争しないように、偶発的衝突防止のガードレールを作って道路から落ちないようにしたい」として、米中が戦争に陥らないような危機管理機構を作ろうという動きも進めて来ました。二〇二三年六月、シンガポールでアジア安全保障会議（シャングリラ会合）がありました。毎年ここに世界の外交・防衛のトップが集まります。

この全体会議の中で、オースティン米国防長官は、「中国が米中両軍の危機管理機構に真剣に関わろうとしないことを懸念する。大国は透明性と責任において、世界の灯であるべきだ」と述べました。これに対し、李尚福・中国国務委員兼国防相（当時）は、「誰が地域の平和を乱しているのか。某国は、世界各地で代理戦争をやっている」と応酬しました。「アメリカ」と名指しこそしませんでしたが、激しく反発したわけです。

偶発的衝突防止のガードレールさえ作れない状況が続く中、二〇二三年十一月十六日、サンフランシスコにおいて一年ぶりとなる米中首脳会談が開かれ、「米中衝突防止」では一致を見ることができ、国防相会談再開合意がなされました。

しかし、この席上、習主席は、バイデン大統領に対して改めて、「中国が台湾を統一するのは必然だ」と強調し、台湾問題を巡っては激しい応酬が繰り広げられました。習主席の台湾統一に対する執念のような意志の強さは、バーンズＣＩＡ長官の言ったとおり、「みくびってはいけない」

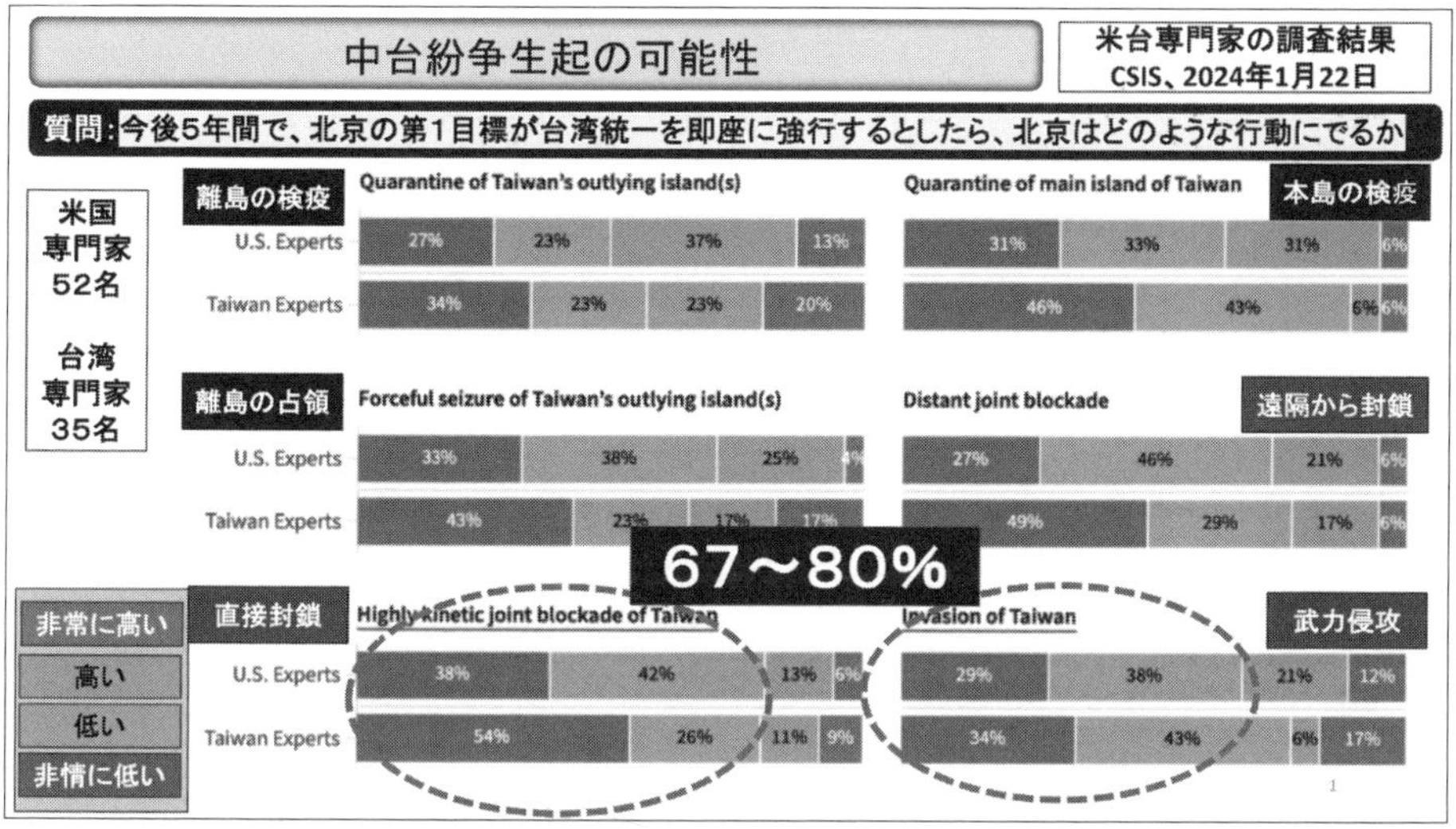

ということです。

中台紛争生起の可能性は？

このように、台湾統一を急ぐ中国と、それを何とか防ごうと努力する台湾・米国とのせめぎあいが続いていますが、そもそも中台が衝突する危険性、可能性はどの程度あるのでしょうか？

今年一月、米国のシンクタンクＣＳＩＳが、米国の専門家五十二名、台湾の専門家三十五名に対しアンケート調査しました。「今後五年間で、北京の第一目標が台湾統一を即座に強行するとしたら、北京はどのような行動にでるか」との質問を、台湾の離島への侵攻や、台湾島の封鎖、そして台湾への武力侵攻など六つのケースに分けて投げかけました。

その結果、特に日本に影響の大きい台湾への武力侵攻及び台湾島の直接封鎖の二つだけを見ても、どちらも六十七～八十％の専門家が「可能性が非常に高い」あるいは「可能性が高い」と回答しています。

※武力侵攻：「可能性が非常に高い」米国専門家二十九％、台湾専門家三十四％
　「可能性が高い」米国専門家三十八％、台湾専門家四十三％

直接封鎖：「可能性が非常に高い」米国専門家三十八％、台湾専門家五十四％
　「可能性が高い」米国専門家四十二％、台湾専門家二十六％

そして、この可能性がさらに高まりそうな事実を突きつけているのが、アクイリノ前米インド太平洋軍司令官の、今年（二〇二四年）三月二十日及び二十一日における米上下両院議会軍事委員会における報告です。特に注目すべきは、「中国は三年以内に台湾を侵略する準備ができている」「人民解放軍が二〇二七年までに台湾侵攻の準備を終えるという中国共産党習近平総書記の指示に従うことを示唆している」とし、彼が司令官として中国の軍拡の推移を見てきた結果として、中国はこの三年間で、四百機以上の戦闘機、二十隻の主要な軍艦、弾道ミサイルと巡航ミサイルの在庫の倍増、人工衛星の五十％増加、そして核弾頭在庫を二〇二〇年以降の三年間で倍増しているとしています。

その結果、もし習主席が命じれば、「人民解放軍の行動は、習近平総書記が望むタイムラインで、台湾を中国本土に武力で統一する能力を示している」とも指摘しています。

中国の台湾侵攻の可能性に関しては、日本国内においても様々な考え方が論じられていますが、一般の国民の方々にもわかりやすく、そして国民一人ひとりがどうすればいいのかというところまで落とし込んだ議論は少ないと思います。今説明したような事実を踏まえた上で、感情論ではなく、さらに幅広い視点から、日本として今後どのように対応していくかという建設的な議論が、政府あるいはメディア等から提供されることが期待されます。

「屈辱の百年」を総括し、「中国の夢」実現を目論む習近平

次に、なぜ、習主席がこれほどまでに台湾統一にのめり込むのか考察してみたいと思います。習主席の思想背景に迫る時、やはり中華人民共和国建国にまでさかのぼることが重要です。世界四大文明の一つを発祥させた誇りある国が、一八四〇年からの約百年は、欧米列強に半植民地化された大混乱の負の歴史を残すこととなりました。欧米、日本による支配に加え、戦った戦争のほぼ全てで敗北し、その後の終戦処理においても、中国は各国に大きな譲歩を迫られることになりました。ロシア帝国に外満洲、イギリスに香港、フランスに湛江《たんこう》、ドイツに膠州湾《こうしゅうわん》、そして日本に台湾及び大連などを譲り渡し、多額の賠償金を支払い、港を開放させられ、領土を租借または割譲することを余儀なくされました。

これらの長く屈辱的な混乱に終止符を打ったのが、毛沢東率いる中国共産党でした。一九四九年の中華人民共和国建国時、毛沢東は、「百年国恥《こくち》」の終焉を宣言したと言われています。一九七六年、毛沢東の後を継いだのは華国鋒《かこくほう》でしたが、二年半の短命に終わりました。

一九七八年、華国鋒の後を継いだ鄧小平主席は、「韜光養晦《とうこうようかい》」という外交方針を掲げました。これは、「目立たないようにしながら何年か一生懸命に働けば、国際社会でもっと影響力をもてるようになるだろう。そうして初めて、国際社会で大国になれる」という考え方です。やはり百年の屈辱から立ち上がり、いずれは大国になるという野心は消えていないと言えるでしょう。鄧小平時代は、まさに爪を隠し、改革開放路線によって、まずは経済的に国を富ませることに力を注いだと考えられます。

その後の江沢民、胡錦濤の時代に、次第に経済的にも力をつけてきた中国は、二〇一三年、習近平氏が指導者となりました。習主席は、二〇一七年十月十八日、中国共産党第十九回全国代表大会において、三時間半もの熱弁をふるい、「中国の夢」「中華民族の偉大な復興」を三十数回繰り返し、この夢を中国共産党が叶えると強調しました。言葉にこそしていませんが、まさに台湾統一を成し遂げることによって、清王朝から続く国恥時代を完全に終焉する、と叫んでいるようにも聞こえます。おそらく、習主席のこの演説は、今日の中国の対外姿勢に繋がる、最大の転換点だったと思います。

実はこの戦略を達成するために、それ以前から着々と彼らは準備を進めてきました。たとえば、「中華民族の偉大な復興」を「秦の始皇帝時代以来の覇権の拡大」と解釈するならば、西に向かっては「一帯一路」を活用して周辺諸国への影響力を増大しています。一帯一路政策は、二〇二三年で十周年を迎えましたが、スリランカは、中国の債務の罠に陥り、借金のカタに港湾を九十九年間譲渡する形に追い込まれています。既に一帯一路から離脱したイタリアも、中国の本質にやっ

と気が付いたのでしょう。

また東に向かっては、東シナ海、台湾、南シナ海という、「誰にも触れさせない」核心的利益を守るため、いわゆる「第一列島線」――沖縄・台湾、フィリピン、そしてボルネオのラインに繋がるところ――から西の領域への侵入を拒否するため、軍事力による壁を作り上げようとしてきました。

そしてこの第一列島線の防衛を確実にするため、さらに前方の地域を「バッファーゾーン」としての「第二列島線」――小笠原諸島、サイパン・グアムからパプアニューギニアに連なるライン――として、この地域への接近を阻止するための軍事力強化を図ってきました。この「接近阻止・領域拒否」戦略の主たる相手は米軍であり、特に米海軍の空母機動打撃群をこれらの地域へ寄せ付けないという戦略です。

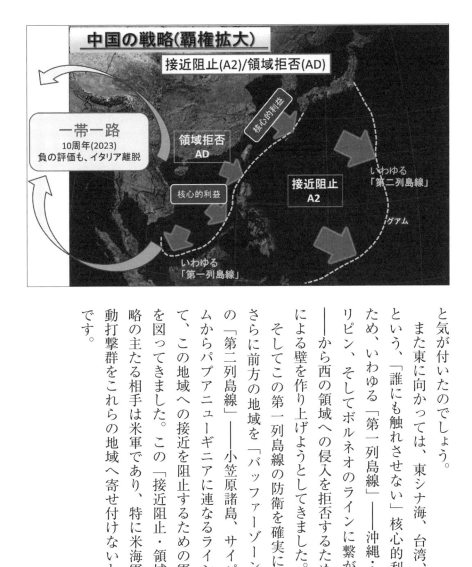

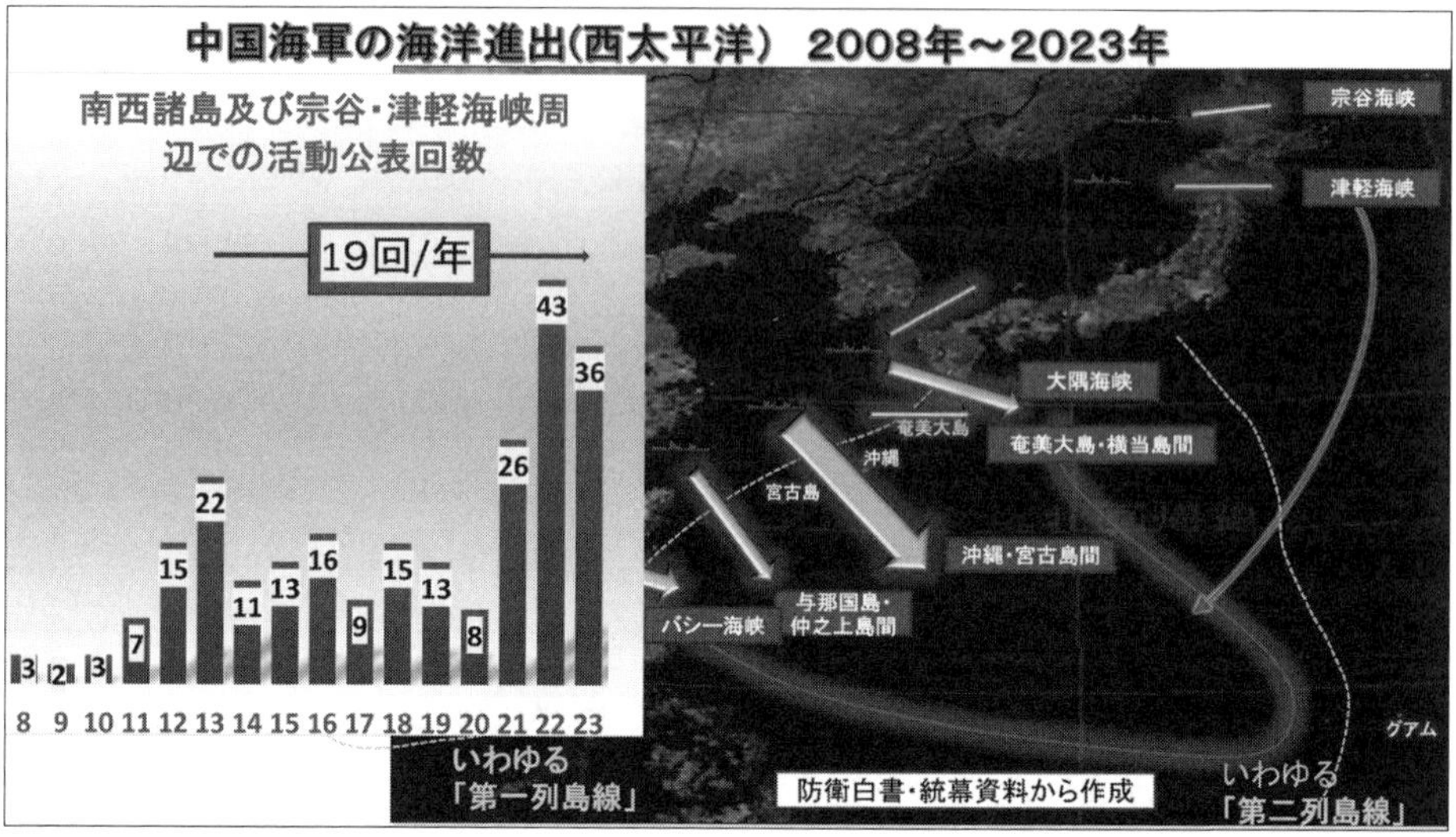
中国海軍の海洋進出(西太平洋) 2008年～2023年
南西諸島及び宗谷・津軽海峡周辺での活動公表回数
19回/年
3 2 3 7 15 22 11 13 16 9 15 13 8 26 43 36
8 9 10 11 12 13 14 15 16 17 18 19 20 21 22 23
宗谷海峡
津軽海峡
大隅海峡
奄美大島
奄美大島・横当島間
沖縄
宮古島
沖縄・宮古島間
与那国島・仲之上島間
バシー海峡
グアム
いわゆる「第一列島線」
防衛白書・統幕資料から作成
いわゆる「第二列島線」

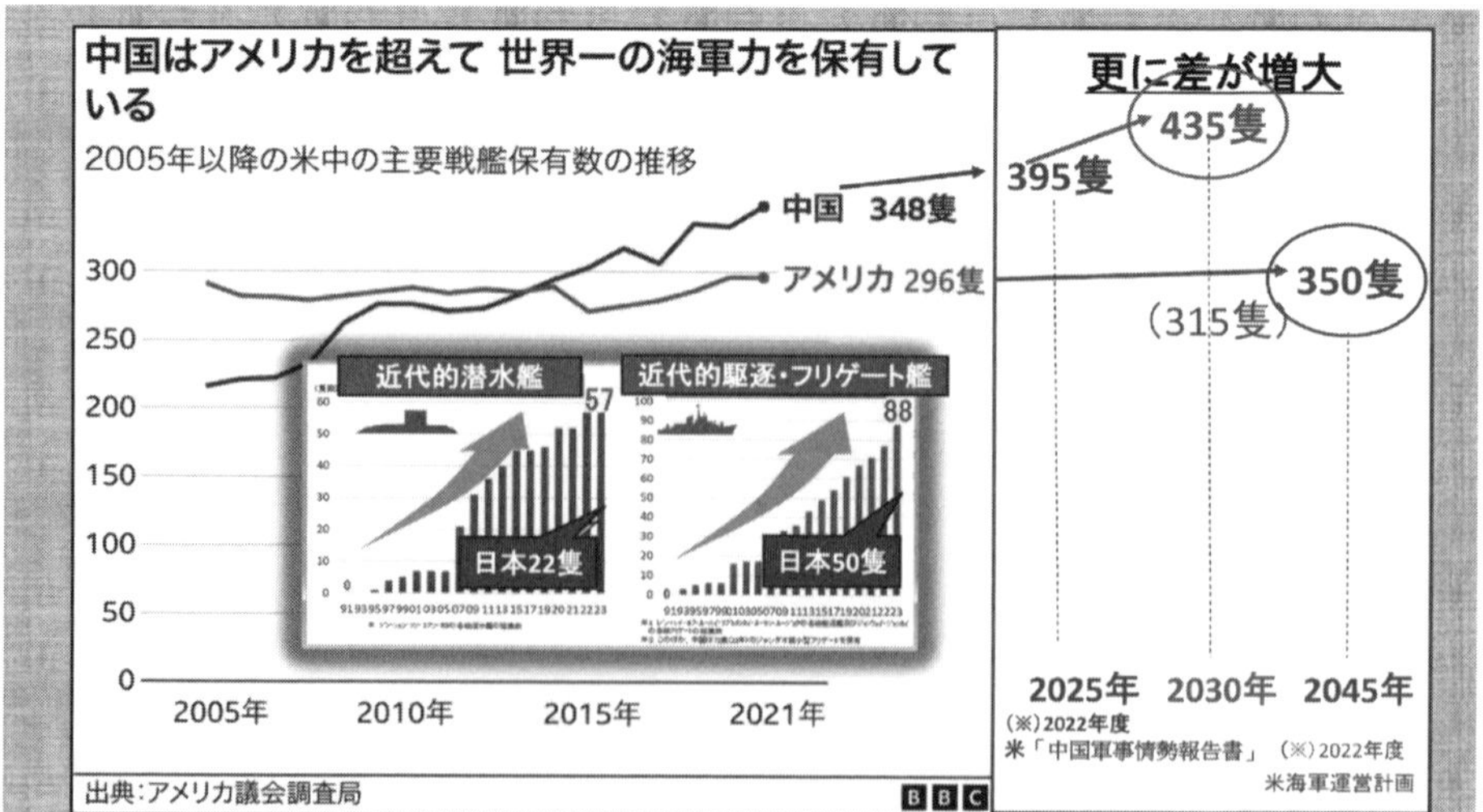
中国はアメリカを超えて 世界一の海軍力を保有している
2005年以降の米中の主要戦艦保有数の推移
中国 348隻
アメリカ 296隻
300
250
200
150
100
50
0
2005年 2010年 2015年 2021年
近代的潜水艦
57
日本22隻
近代的駆逐・フリゲート艦
88
日本50隻
出典:アメリカ議会調査局
BBC
更に差が増大
395隻
435隻
350隻
(315隻)
2025年 2030年 2045年
(※)2022年度
米「中国軍事情勢報告書」
(※)2022年度
米海軍運営計画

急ピッチで進む中国の軍備拡大

この戦略を具現化するために、中国がどれほど急ピッチで軍備を拡大してきたかを説明しましょう。

前頁の上図は、南西諸島及び宗谷・津軽海峡周辺での中国海軍の活動公表回数をまとめたものです。

二〇〇八年、初めて中国海軍は太平洋に出てきました。それまで彼らは一度も太平洋に出ることのできない、小さな海軍でした。それがわずか十四年後の二〇二二年は四十三回、二〇二三年は三十六回も、艦隊が西太平洋に進出して訓練を行っています。それほど中国海軍の活動範囲は急速に拡大しています。

また、主要戦闘艦の数では、既にアメリカを抜いて世界第一の海軍国になってしまいました（前頁下図）。

二〇二一年段階で、アメリカ海軍二九六隻に対し、中国海軍は三四八隻です。問題は、今後の艦艇建造計画等の見積もりによれば、二〇三〇年段階で、中国海軍が四三五隻保有予定なのに対し、米海軍はおおよそ三一五隻程度と予測されることです。つまり、これから先、益々中国が強くなり、米国との差が拡大していきます。ちなみに、海上自衛隊との比較（二〇二三年）では、近代的潜水艦が二十二隻対五十七隻、近代的駆逐・フリゲート艦で五十隻対八十八隻と、中国が二倍から三倍となっています。

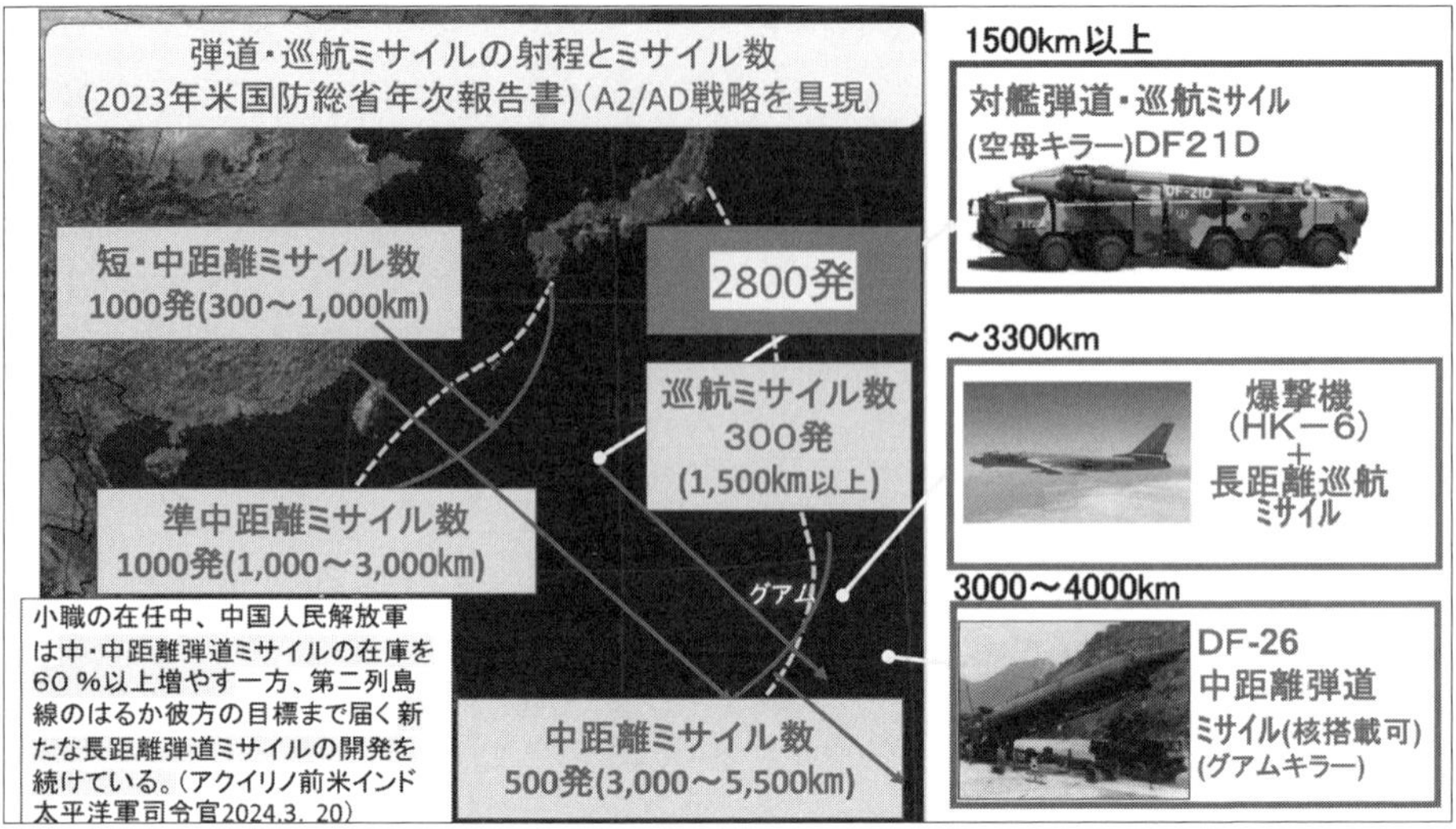

加えて、空軍も沖縄本島と宮古島の間にある三百キロの海峡上空を通り抜けて、西太平洋に進出してきて、海軍と一緒に訓練をしています。先ほど紹介したアクイリノ前米インド太平洋軍司令官は二〇二四年三月、「中国空軍と中国海軍航空部隊を合わせると、インド太平洋で最大の航空戦力を構成し、戦闘機部隊の半分以上は第四世代と第五世代であり、西太平洋全域でより長距離の対空作戦が可能」と指摘しています。ちなみに航空自衛隊と中国空軍の比較は、第四・第五世代の近代的戦闘機で、三二四機対一五〇〇機と中国が四倍以上保有しています。

さらに、アメリカが最も恐れているのは、中国のミサイルの性能と数です。アメリカの報告書によれば、第一列島線を制圧できる射程一千キロのミサイルを一千発以上、第二列島線を制圧できる射程三千キロの準中距離ミサイルを一千発以上、グアム島を超えて五五〇〇キロ飛ぶ中距離ミサイルを五百発以上、これに一五〇〇キロ以上届く巡航ミサイル三百発を含めると、二八〇〇発以上を保有しています。しかも、これらのミサイルには核弾頭を搭載することが可能です。

なかでも米軍が最も恐れているのが、対艦弾道ミサイル（空母キラー）です。一五〇〇キロ飛翔し、動いている空母など艦艇を攻撃できます。また、中距離弾道ミサイル（グアムキラー）は、四千キロ飛翔し、同じく動いている艦艇を攻撃できます。米海軍の空母は、おおよそ五千名の兵士が乗船しています。七十～八十機の航空機を搭載し、そのうち五十～六十機はF-35戦闘機です。これがやられてしまうと、大損害となり、米軍の作戦そのものが崩れることになります。

数千キロも飛翔した巡航ミサイルが本当に動いている船に当たるのかは、以前から疑問視されていました。それを意識したのでしょう、中国は、二〇二〇年八月、グアムキラーを内陸部の青海省から、空母キラーを浙江省から発射し、西沙諸島沖の動いている目標（船）に命中させました。中国が、実際に空母を攻撃できることを証明したことに、米軍は慌てました。「このままでは、台湾有事が起きた際、空母を台湾近海に派遣することはできない」。そんな嘆きが噴出したことが、次頁の Economist の要図に表れています。

台湾有事における米海軍の作戦は、台湾周辺海域で行動する中国の艦艇を、米空母から飛び上がったF-35戦闘機搭載の空対艦ミサイルで攻撃し、進攻を止めることにあると言われています。

この図の円の中心にアメリカの空母が位置し、空母の周りにはイージス艦が守っています。このイージス艦は防空半径が約一一〇〇キロです。つまり、この範囲内であれば、F-35は、空母から飛び上がって、ある程度安全に飛行できます。F-35戦闘機搭載の空対艦ミサイルは射程約

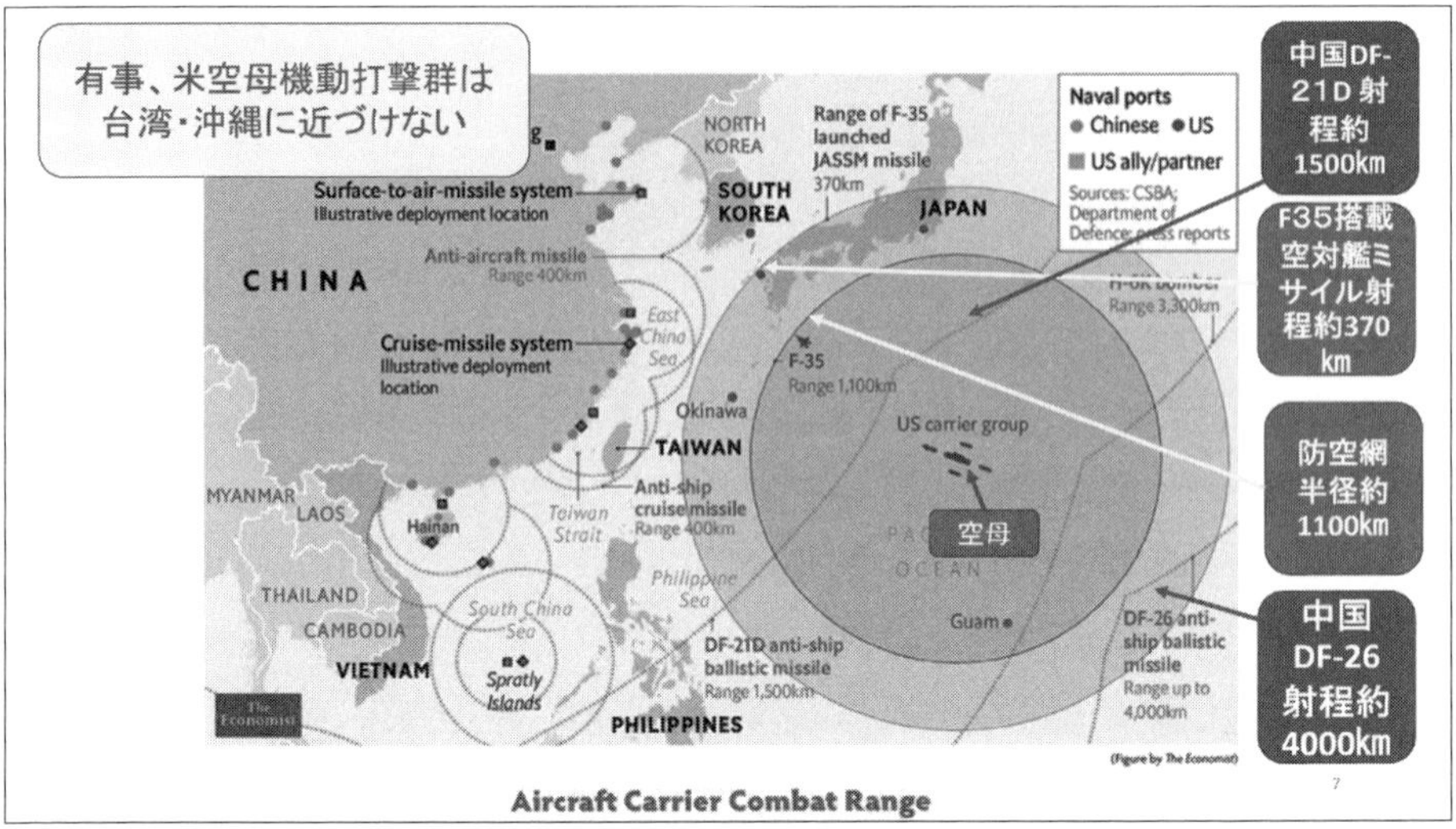

三七〇キロです。外心円が空対艦ミサイルの射程を示します。図に示された空母の位置では、空対艦ミサイルは台湾周辺海域まで届きません。したがって、図の位置よりさらに西（左）側に移動する必要がありますが、そうなるとＤＦ‐21（空母キラー）の射程圏内に入ってしまいます。

今の位置でさえＤＦ‐26（グアムキラー）の射程圏内にあり、危険な状況にあるのですから、これ以上の危険な西への前進はさらに大きな犠牲を覚悟する必要があり、米軍指揮官としては、苦渋の決断を迫られます。

西太平洋で米国を凌駕する中国の戦力

もう一つの米軍の悩みは、数的な戦力差です。次頁の図は、米インド太平洋軍司令部が数年前に作成した二〇二五年における米中の戦力比較で、これに私が補足記入しています。

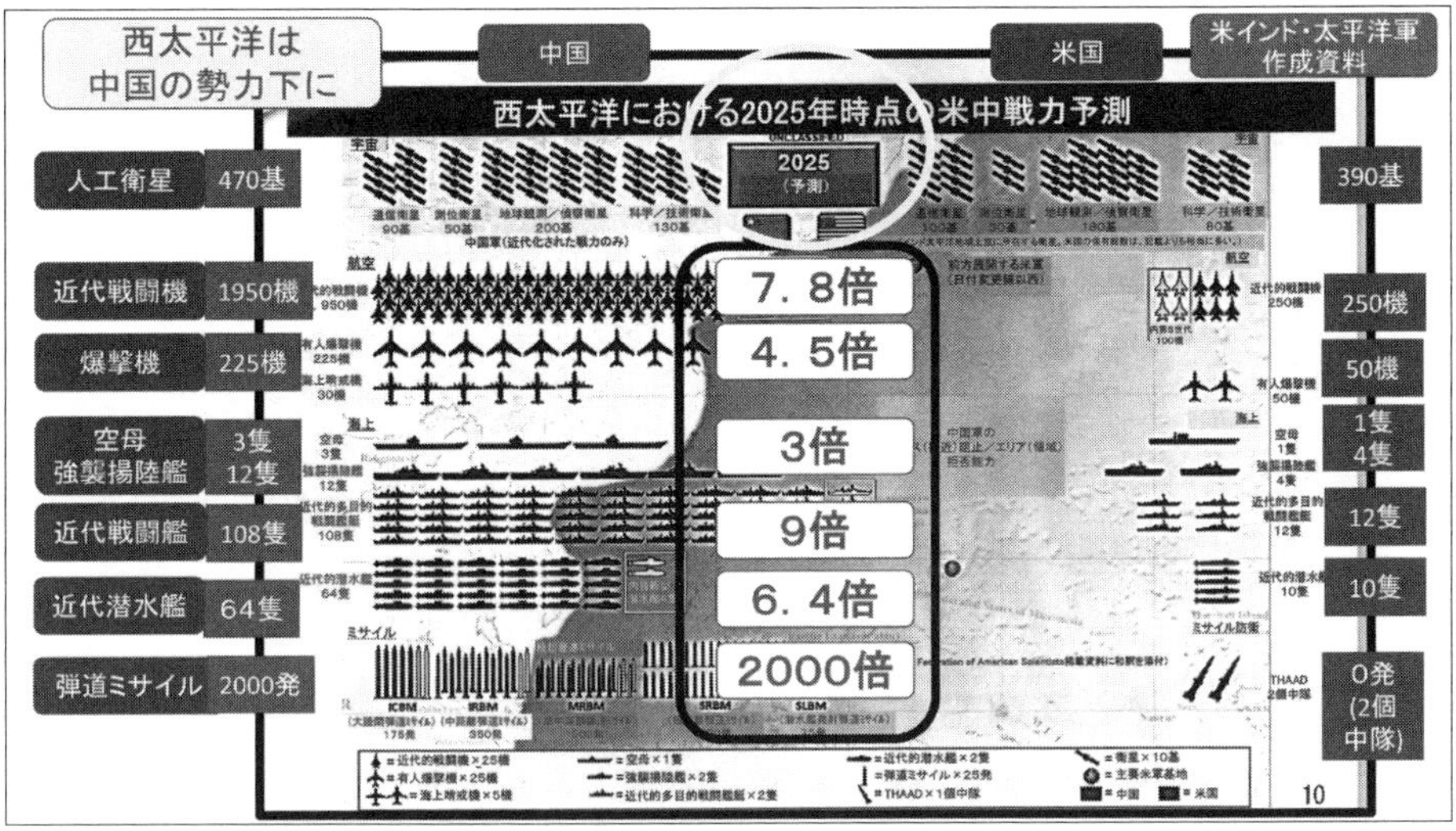

左が中国、右が太平洋軍司令官の持っている戦力です。もちろんアメリカの戦力は総合的には中国に勝りますが、中東及び欧州にも戦力を展開しているので、太平洋地域では中国が優位に立っています。当然台湾有事になれば、中東、欧州から戦力を転用するでしょう。しかし全てを中国に集中することはできません。転用するにしても、台湾に展開できるまでには一か月以上はかかると予想します。習主席からすれば、米軍戦力が集中する約一か月の有利な態勢のうちに、短期決戦で台湾を制圧しようという戦略でしょう。

この短期決戦を成功させるため、中国は様々な準備を既に進めています。たとえば、平時からの部隊の前方展開です。水陸両用部隊、砲兵部隊、そしてヘリコプター部隊などの駐屯地を台湾海峡に面した海岸近くに、ここ数年で新設しています。水陸両用部隊の駐屯地は二〇二二年には何もなかった場所に、今年二月の段階で新しい駐屯地が建設されていることを衛星画像で確認できました。

　また、二〇二二年に整地されていた場所が、二〇二四年には長射程多連装ロケット部隊の駐屯地が新設されています。このロケットは最も長い射程で約六百キロ飛翔し、写真（次頁中）の位置からは石垣島まで届きます。中国軍はこのロケットを約二百門保有していると言われており、台湾侵攻時、この駐屯地の横にある演習場からそのまま台湾を狙うこともできます。まさに平時訓練している状態から速やかに攻撃できる態勢に強化しています。

　さらに、ヘリ部隊の駐屯地も台湾海峡の海岸近くに新設されています。二〇二一年段階で何もなかった場所に、二〇二四年には、新しい滑走路・駐機場、駐屯地が増設されています。ヘリ部隊は有事の際、兵員を搭載して、台湾のレーダーに見つからないよう、海面近くを飛行して台湾海峡を渡り、攻め込みます。

　これらは、私が所属する国家基本問題研究所の分析の一部を紹介したものですが、中国が着々と短期決戦に向け、準備を進めていることがわかると思います。

　中国の今年の国防予算は日本円で三四・八兆円、日本の防衛予算は今年七・九兆円ですので、日本の四・四倍です。これまで述べたような軍拡がどんどん進むことによって、この予算の開きは毎年大きな蓄積となり、戦力差が広がっていきます。日本が中国同様の莫大な予算を防衛に注ぎ込むことは難しい中で、いかにして日本有事にさせないような防衛体制を作り上げていくのかが重要です。

水陸両用部隊の平時前方展開

水陸両用合成旅団が
着上陸訓練場近傍に新駐屯地建設

国家基本問題研究所
2024年5月

砲兵部隊の平時前方展開

台湾正面に砲兵旅団駐屯の
可能性のある新駐屯地建設

国家基本問題研究所
2024年5月

12

ヘリ部隊の平時前方展開

台湾正面ヘリ・UAVの基地を新設・改修

国家基本問題研究所
2024年5月

◆多目的ヘリ×203機
大(小隊輸送):×125
中(班輸送): ×259
小(分隊輸送):×68
◆対戦車ヘリ×320機
(ミリタリーバランス)

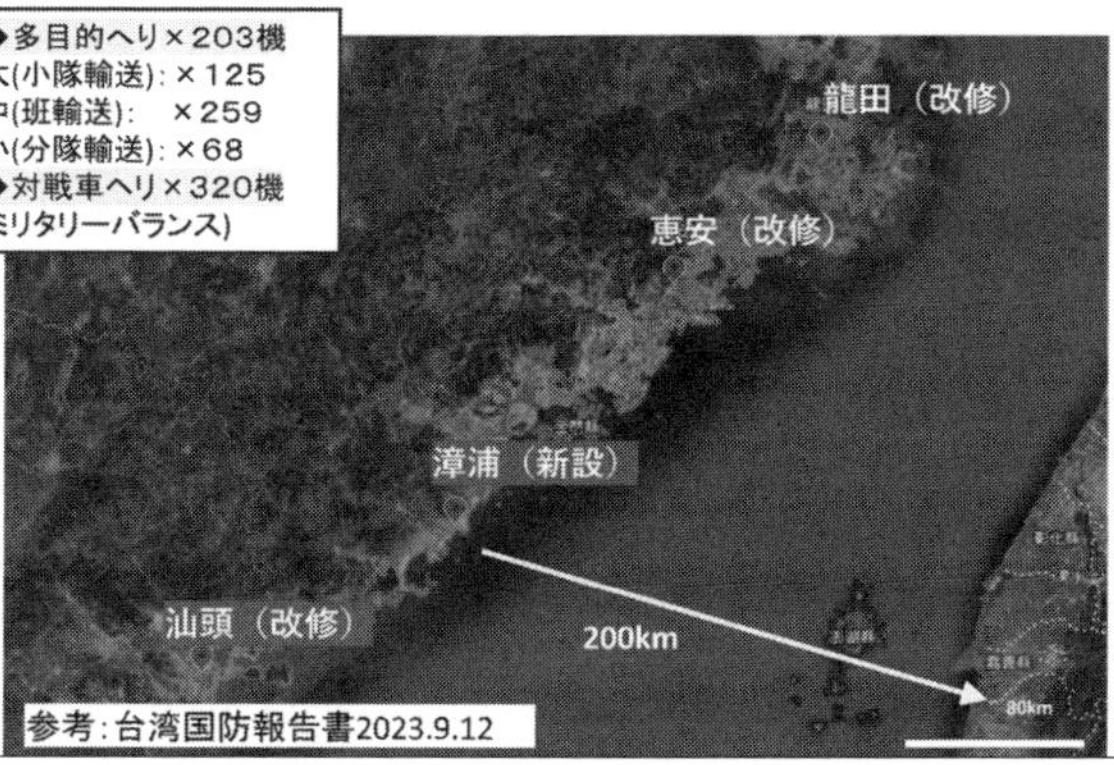

第二章　シミュレーション台湾有事

台湾有事発生のシナリオと、日本有事の様相

では、もし習近平主席が、野望を抑えきれず台湾統一を焦り、過信と誤算に陥って台湾侵攻を決意してしまった場合、いったいどのような様相となり、それが日本有事に発展するのか、具体的に説明したいと思います。もちろん、台湾有事のシナリオには多くのケースが考えられますが、比較的可能性の高いものを例に挙げ、分析してみます。

当然ながら、中国は最初から軍事力は使わないと思います。ウクライナ戦争を見ても、ロシアはウクライナに侵攻する約一年前から、政治工作やサイバー攻撃など、様々な形で情報戦を仕掛け、ウクライナの政権転覆を企てていました。

中国とすれば、戦わずして台湾を統一することが最も効率的です。台湾の政治・経済・社会を混乱させるための政治工作、ありとあらゆるフェイクニュースによる情報戦はもちろん、台湾につながる海底ケーブルのほとんどを切断してくると思います。海底ケーブルは、インターネットと電話回線の九十七%を占めており、これが切断されると、衛星通信で賄《まかな》わなければならなくな

ります。そうした上で、中国に有利な情報のみが台湾に流れるように仕向け、逆に台湾から海外への情報発信を妨害します。

加えて、中国軍が台湾周辺に軍事演習区域を設定して、ミサイル射撃演習などの大軍事演習を行えば、台湾社会が動揺することは必至です。ここに至って中国は、政権転覆工作により「統一」の方向へ導こうとするでしょう。しかし、先に説明したように、今の台湾人のアイデンティティや中国に対する不信感を鑑みれば、そのような政治工作が成功することはまずないと思います。

つまり結局は、軍事侵攻による統一しかない、となります。習氏が軍事侵攻を決断すれば、「大規模演習」と称して、陸海空軍、ロケット軍などが沿岸部等へ展開を開始し、侵攻準備を始めます。既に一部の部隊は、駐屯地を新設して前方に展開していることは説明した通りです。おそらく、軍事侵攻の最初の行動として、制海権をとるため、台湾周囲一帯の海域を封鎖します。もちろんこの段階で台湾軍も反応して軍事行動をとり始めるでしょう。

次いで、大量の弾道・巡航ミサイルが発射され、台湾軍のレーダーや、防空ミサイル、通信施設、指揮中枢施設をはじめ、空軍基地、海軍基地などへの攻撃が始まります。台湾軍は、当然そのことを承知しており、防空戦闘を強化しつつ、中国からの大量ミサイル攻撃から守るため、戦闘機や艦艇などは、一旦東側の基地などに避難します。

たとえば、台湾海峡側の空軍機は、東側にある花蓮空軍基地や、志航空軍基地の山腹に掘られた大規模なトンネル基地に格納されます。数百機が格納できると言われていますが、おそらく、この基地の弱点は、戦闘機がトンネル基地から出てくる段階でしょう。中国空軍は、大規模なミ

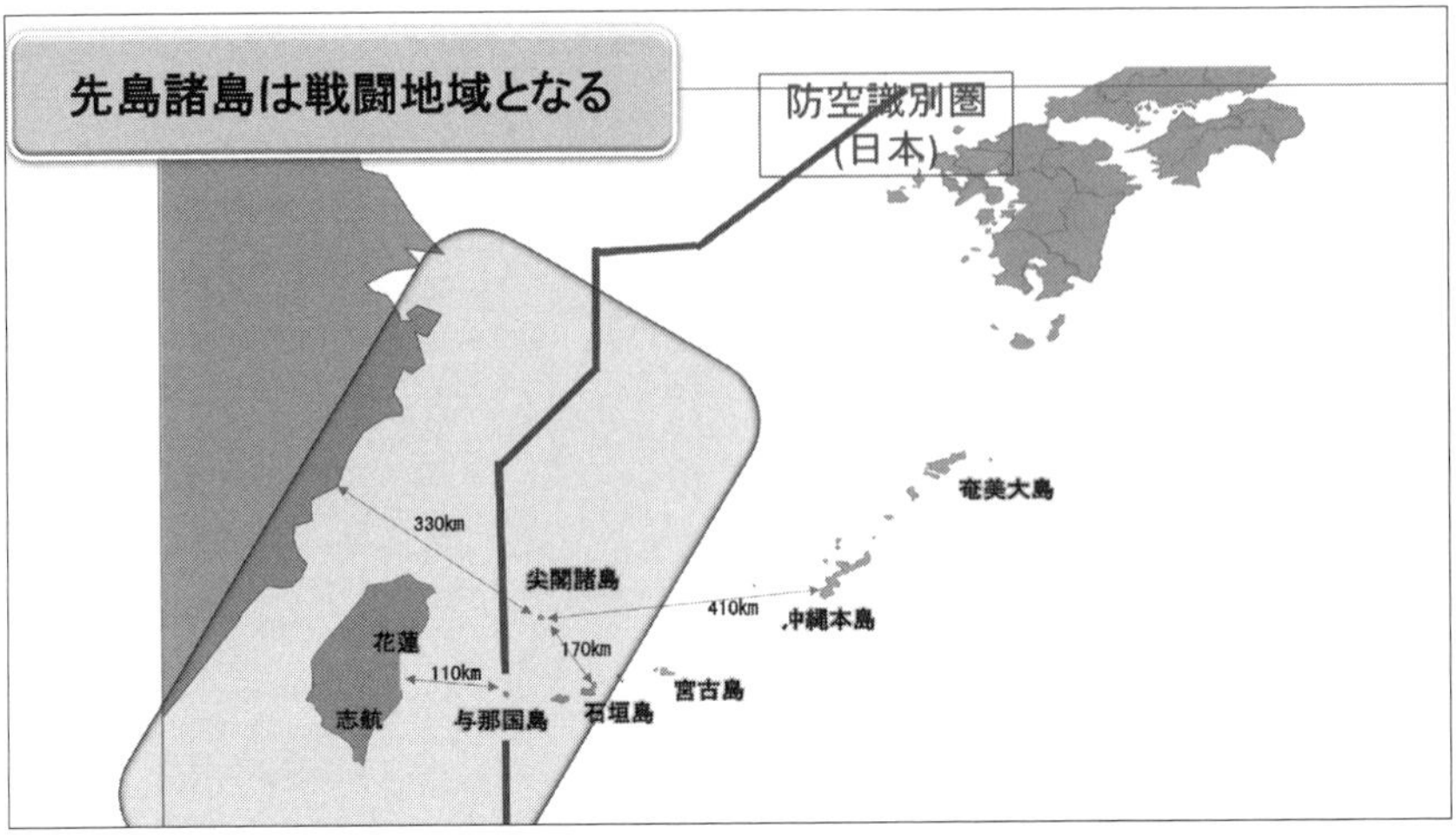

サイル攻撃で防空関連装備・施設を攻撃した後は、この弱点を狙って、このトンネルの入口を狙った攻撃を仕掛けてくるでしょう。花蓮空軍基地に対しては北から、志航空軍基地に対しては南から戦闘機が侵入してくることになると予測できます。

特に花蓮空軍基地への攻撃は、一五〇キロしか離れていない与那国島近傍での戦闘となります。花蓮空軍基地を守ろうとする台湾空軍機と中国軍機の空中戦闘が、与那国島近傍で生起することになります。与那国島の南北には、日本の防空識別圏が設定されており、生きるか死ぬかの空中戦闘を繰り広げる台湾・中国軍機が、意図せず防空識別圏を越えて日本側に侵入することは避けられません。

当然、空自戦闘機は、これを阻止しようと警告しますが、相手は生きるか死ぬかの瀬戸際で戦っている最中です。警告に従わず、戦闘状態で空自機と対峙することも予期しておくべきでしょう。この段階で、与那国島上空は戦闘空域であり、与那国島は戦闘地域となります。

こうなる前に、日本政府が行うべきことは、この戦闘地域一帯に居住されている先島諸島（与那国、石垣、西表島、宮古島）約十万人の方々に九州へ避難して頂くことです。さらに、台湾に住んでいる約二万人の邦人に早めに帰国してもらう必要があります。台湾には、ＡＳＥＡＮ諸国を中心に約八十万人の外国人が在住しています。情勢が緊迫すると、この八十万人が脱兎《だっと》のごとく空港と港湾に押しかけることとなり、混乱するでしょう。

加えて、中国にも、約十一万人の邦人がいます。進出している日本の会社は約一万二七〇〇社。この方々にもなるべく早く帰ってもらわなければならないわけです。合わせると二十数万人の方々を数週間のうちに輸送する必要が生じるでしょう。ＪＡＬとＡＮＡにも頑張ってもらわなければなりませんが、どのように輸送すべきか、国が主導して、平時からしっかりと計画・調整しておくことが必要です。

さらに悩ましいのは、台湾からの避難民が与那国島や石垣島に避難してくる可能性が大きいことです。以前、与那国町長からもお聞きしましたが、ベトナム戦争のときにボートピープルが与那国島まで逃げてきたことがあるそうです。台湾から、漁船やボートを使って押し寄せてくることを考えておく必要があります。人口約四千万人のウクライナでは、女性や子供を中心に、人口の二割にあたる約八百万人が国外に避難しています。台湾の人口は約二三〇〇万人ですから、単純に当てはめると、約四六〇万人が避難することになります。

そのうち、どれほどの人数が与那国・石垣島に逃げてくるかわかりませんが、仮に少なく見積もって百分の一にしたとしても、四～五万人は念頭に置く必要があるでしょう。もっと多いかもしれません。

台湾からの避難民が押し寄せてくるのは、早ければ先島諸島の住民の方々が避難しているちょうどその頃、あるいは、既に住民の避難が終わり、島に残っているのが、市長・町長はじめ役場の方々、自衛隊・警察・消防・海上保安庁、そして指定公共機関のＮＴＴや沖縄電力の方々など、限られた人しか残っていない時、そこに何万人も台湾から避難してきたら誰が対応するのか。これこそ国が考えなければならない課題です。

中国軍による台湾への軍事演習と日本への威嚇

このように情勢が緊迫してくると、自衛隊は、南西諸島防衛のため全国から部隊を離島に展開させ始めます。おそらく先島諸島の約十万人が西から東に避難する頃と重なるでしょう。そうなると、避難者が西から東に、逆に陸上自衛隊の主力が東から西へ移動します。これらが交錯するのが離島の空港、港湾です。したがって今、政府は、離島の空港と港湾を拡張するとともに、自衛隊の輸送力の増強を計画し始めています。

その頃、米国はどういう行動をとるかというと、習主席に対して、「米国も本気だ。台湾には手を出すな」という抑止行動をとります。具体的には、米空軍、海兵隊、陸軍の一部が日本やフィリピン等に展開し始めます。

たとえば、沖縄の海兵隊には、第十二海兵沿岸連隊（ＭＬＲ）という約二千名の部隊が駐留し

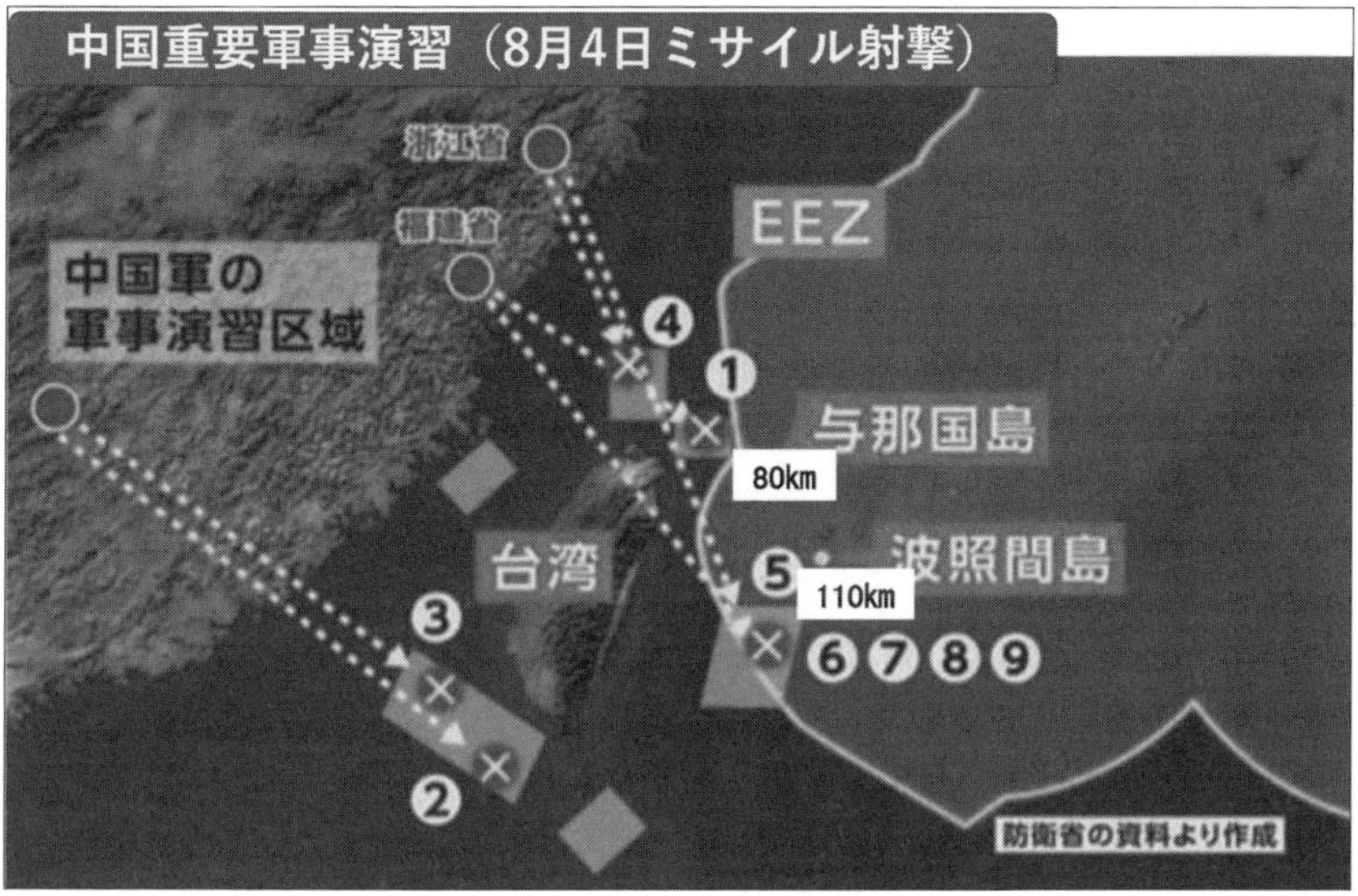

ています。対艦ミサイルや防空システム、レーダー、ドローン等を装備した五十〜百名のチームが、先島諸島などに展開します。各島を守っている陸上自衛隊の部隊と連携して、中国人民解放軍の動向を警戒し、もし仮に攻撃してくれれば、島を守れる態勢をとるのです。この抑止行動によって習主席が侵攻を断念すればいいのですが、それでも攻めて来たなら、国土防衛のために戦うしかありません。

では、本当に攻めてきたら、どのような様相になるのでしょうか。まずは台湾に対する攻撃です。実は、中国は、台湾侵攻の模擬訓練を二〇二二年八月四日から約一週間実施しました。その目的は、前日までのペロシ米下院議長の訪台に対する反発とされています。中国はこのタイミングをうまく活用し、台湾との緊張関係を高め、圧迫を強めていく格好のきっかけにしたようです。四日は九発のミサイルを四か所の演習区域に撃ち込みました。実際の攻撃においては、数百発発射してくるでしょう。

ちなみにロシアは、二〇二二年二月二十四日、侵略開始の初日、ウクライナに対して約八百発のミサイル、ロケットを発射し、ウクライナ軍の防空システムや指揮中枢施設を攻撃しました。中国は八月五日、六日には、海空軍による制海権・制空権の獲得、七日には台湾への着上陸地点の攻撃と潜水艦作戦を模擬し、成功裏に終わったと中国軍の報道官は述べています。

少し本題から離れますが、中国が発射したミサイルのうち、一発は与那国島から八十キロに、もう一発は波照間島から一一〇キロという近い距離に着弾しました。波照間島近傍には、この一発だけではなく、五発がEEZ内に撃ち込まれています。

まさに日本に対する威嚇行為です。つまりは、「台湾有事に日本が口を出すとどうなるかわかっているな。与那国島、波照間島が火の海になるぞ」という脅しなのです。

ところが、この時の日本政府の対応は、外務事務次官が駐日中国大使に抗議しただけです。それも対面ではなく電話だけでした。中国が日本の庭先にミサイルを撃ったのは歴史的に初めてのことです。逆に日本が中国大陸から八十キロの近海にミサイル射撃訓練を実施したら、中国はどう反応するでしょうか?

中国のみならず他の国であっても同様です。本来なら、主権国家として強く抗議すべき事案です。一般的な言葉で表現すれば、「ふざけるな、いったいどういうつもりだ」と断固抗議するのが普通の国の外交のあり方ではないでしょうか。岸田総理は、三か月後にASEAN首脳会議の場で、一応抗議はしましたが、これでは「効果半減、時すでに遅し」です。日本は、少々手荒い真似をされても怒らない国、中国には強い抗議ができない国、と思われたとしても仕方がないでしょう。これでいいのか日本、と言いたくなりますね。

ところで、この演習では、中国の軍艦、航空機は、八月五日から十一日の一週間、台湾周辺で行動し続けました。これまで、台湾海峡の中間線から東には、暗黙の了解で中国の戦闘機が越境することはほとんどありませんでしたが、この演習以降、常態化してしまいました。中国軍機が、頻繁に中間線を越えて飛行するため、台湾空軍はパイロットの訓練時間や、戦闘機の整備、そして燃料代にまで影響が出ているようです。

このように中国は、相手の変化を目ざとく活用して、自国に有利な環境をじわじわと着実に作ってきています。まさに「サラミ・スライス戦略」です。ペロシ米下院議長の訪台は、米国の台湾防衛に対する意志は、それなりに示したものの、結果的に得をしたのは、台湾への圧迫を強めるきっかけを作ることができた中国とも言えます。中国の言い分は、「変化させたのは中国ではなく、米国。責任は米国にある」ということでしょう。

その手口は、今年五月にも再び実行されました。

中国は、二〇二四年五月二十三日から二十四日の二日間、空軍機、海軍艦艇の台湾周辺での示威行動、海警（法執行機関。軍の指揮も受け、第二海軍とも言われる）艦船の台湾周辺及び台湾領である金門、馬祖《ばそ》列島など離島周囲での示威行動、陸軍やロケット軍等の演習を行いました。

ミサイルの実弾射撃は行いませんでしたが、台湾東岸の近接した演習区域にまで海空軍が進出し、台湾に対する圧迫を強めています。次頁の要図に示されたねずみ色の区域は、二〇二二年八月の演習区域ですが、黒い区域が今回の演習区域です。特に、先ほど述べたように、花蓮空軍基地と志航空軍基地近傍に設定された地域まで、中国空軍機が進出したことは、台湾にとっても脅威になったはずです。中国軍東部戦区報道官は、軍事演習の目的について、「『台湾独立』分裂勢力を懲らしめ、外部勢力の干渉や挑発に対して厳重に警告するものだ」との声明を発しています。

（資料源：台湾CNA202040523にEEZ等を追記）

頼清徳総統が、五月二十日の就任式において「現状維持」を方針として明示したことを、「中国との統一拒否」と受け止めたのでしょう。その上で、台湾に対する「懲罰」として軍事演習を行いました。つまり、台湾の総統就任式をきっかけに軍事的圧迫を強めてきたのです。

加えて、今回は、日本に対しても「警告」を発しています。総統就任式には日本の国会議員が三十一名参列しました。このことを不服として、呉江浩《ごこうこう》駐日中国大使が東京の中国大使館で開いた日本の政界関係者や有識者との懇談会において、恫喝ともいえる発言をしています。少し長くなりますが、問題発言なので要約せずにそのまま記します。

「日本という国が中国分裂を企てる戦車に縛られてしまえば、日本の民衆が火の中に連れ込まれることになるでしょう。耳障りな言葉ではありますが、あらかじめ言っておく必要があると思いました。特に日本が過去に台湾を占領し植民地支配をした歴史的経緯があって、なおさら深く反省し、言動を慎むべきではないでしょうか。国家の主権と領土の保全を守る中国政府と国民の意思と能力を過小評価すれば大きな間違いになります。台湾問題は中国にとって核心的利益の核心であり、超えてはいけないレッドラインでもあります」

理性ある一国の大使の発言とはとても思えない内容です。外交上「ペルソナ・ノン・グラータ（好ましからざる人物）」として国外退去を命じてもいいほどです。また、日本に対して何か物申すときには、必ずと言っていいほど、過去の歴史認識を持ち出してきて日本人に反省を促すという、いつもの刷り込みパターンを忘れていないことに、私たちは注意すべきでしょう。

この呉大使の発言に対しては、もちろん、林官房長官が同日、「極めて不適切だ。ただちに厳重な抗議を行った」「わが国の一貫した立場は台湾を巡る問題が対話により平和的に解決することだ」と記者会見において述べています。すると、これに反論する形で、翌二十三日、中国外務省の汪文斌報道官が、「事実に基づいており、道理は正しく言葉は厳格で、完全に正当で必要なものだ」と呉大使を擁護しています。まさに大使個人による日本に対する恫喝ではなく、中国国家としての脅しと捉えるべきであり、中国とはそういう国だということを改めて認識すべきでしょう。

演習の話に戻りますが、名称が、「共軍聯合利剣―二〇二四A」となっています。「二〇二四A」ということは、二〇二四年に「二〇二四B」、さらには「二〇二四C」もやるぞ、という意思表示でしょう。こうやって、どんどん圧力をかけ続け、じわじわと台湾を追い詰めていく作戦と認識できます。

こうした二〇二二年八月四日以降の中国軍による演習強化策は、実際の軍事侵攻の際、いつもの演習だと台湾軍を欺いて、そのまま侵攻する態勢を作りつつあるとも言えます。すでに説明した、部隊の前方への展開も含め、習主席がやれと言えば、中国軍としては、いつでも侵攻できる準備を忠実に実行しているとみるべきでしょう。

中国が狙う日本の弱点

さて、実際に侵攻が始まれば、もちろん台湾は戦いますが、米国が参戦し、台湾を助けることになるでしょう。米国が参戦しなければ、台湾の現状維持は、きわめて難しいと思います。その米中の戦いにおいては、早く台湾に戦力を集中した方が勝つ、いわゆる「戦力集中競争」になります。当然、地理的に中国有利にはなりますが、米軍戦力を、在日米軍基地、三千キロのグアム、八千キロのハワイ、一万キロ以上のアメリカ本土から、どのように駆け付けさせるか。

その鍵となるのが、日本の対米支援です。安倍政権下で制定された「平和安全法制」に基づき、「重要影響事態」が認定されれば、米軍に対する燃料補給、弾薬輸送などの後方支援が可能となります。

また「存立危機事態」が認定されれば、米軍艦艇などを、自衛隊が直接防護することが可能になります。この平和安全法制を国会で議論していた時、野党や一部のメディアは、この法案を「戦争法案」とレッテル貼りしましたが、これはまったくの見当違いであって、正しくは「戦争抑止法」だと思います。

日本が米軍を支援できる体制を構築することによって、中国が台湾に攻めにくくなるという、抑止力を高める法律です。もし本当に中国が台湾に侵攻してきたなら、日本がしっかりと米軍を支援することにより、台湾の現状が維持され、この地域の平和と安定が守られるのです。もし日本が米軍を支援しなければ、日米同盟も終わるし、台湾の自由と現状維持も終わります。当時の野党と一部のメディアは、そのことをわかっていながら批判していたのではないか、との疑問が残ります。

では、このように米国と連携して台湾の現状を維持し、この地域の平和と安定を保とうとする日本に対して、中国はどのような行動をとってくるでしょうか。

おそらく最も効果的な方法としては、軍事力を使わず、非軍事的な破壊工作、サイバー攻撃やフェイクニュースなどの認知戦（情報戦）により、日本の世論を焚きつけて、「米軍を支援するな」という対日宣伝工作を仕掛けてくるでしょう。

今から三年前の二〇二一年十月、埼玉県蕨《わらび》市のＪＲ変電所が燃える事故があり、ＪＲ線が半日ほど止まりました。これを中国の武装工作員が見逃すはずがありません。人為的に火災を起こし、都内、中京、近畿、北九州などで、数十か所一挙に変電所が燃えれば、鉄道網は大混乱に陥ります。加えて、サイバー攻撃により、大手銀行のＡＴＭを止めれば、さらに国民はパニックになります。そしてＪＡＬ、ＡＮＡ、アマゾン、クロネコヤマトなどの予約・決済システムを、サイバー攻撃で混乱させ、航空路線、宅配網を止めてしまう。役所のネットワークを攻撃し、住民票業務をストップさせる。警察署で免許証の交付ができない。大きな病院の集中治療システムが止まり、死者が出る……。

こうしたニュースが氾濫すれば、これまで経験もしなかったような大パニックになります。この段階で、中国発のフェイクニュースがＳＮＳ上に多数投稿されるでしょう。

「これは中国がやっていることだ。米軍支援をやめたらなくなるはずだから、みんなの力で政府を追及して米軍支援をやめさせよう！　国会周辺で百万人集会決行！　〇月〇日、国会議事堂前に全員集合！」などといった扇動と、反対活動を盛り上げる情報が氾濫します。それを一部のメディアが誇張して報道し、結果的に中国の対日宣伝工作が助長されます。もちろん、時の日本政府は、これに屈することなく米軍支援を継続させるでしょうし、そうしなければ、中国勝利の可能性が極めて高くなります。

今現在、中国はサイバー攻撃に対する日本の弱点を探し続けているはずです。二〇二三年のある時期、ＪＲ、電力会社、各県庁、あるいは法務省、厚労省、ＪＴＢ……など、様々なところに、中国が発信源と推測できるサイバー攻撃が三か月ほど集中していたと、専門家が分析をしています。

加えて、社労士関係システムに対する攻撃により、給与の支払に支障を来すというようなところまで、中国は試しているようです。ウクライナにおいても、戦争が始まるかなり前からロシアのサイバー攻撃が頻発していたと報道されています。ロシアの侵略開始二か月前の二〇二一年十二月には、ウクライナ各地の銀行ＡＴＭが被害を受けています。サイバー戦では、こういった平時から積み重ねてきたものが、有事になると、弱点を目掛けて一気に襲いかかってきます。

さて、このようなサイバー攻撃も含め、日本政府がどうにか被害を食い止めている中、中国は次の手を打ってくるでしょう。中国から避難し遅れた邦人を拘束する。そして、日本政府に対し、「日本が米軍支援をやめなければ、もっと多くの邦人を拘束するぞ」と脅しをかけた上で、レアアースの輸出停止を仕掛けてくるでしょう。

実は、この手口を、一度日本は経験済みです。二〇一〇年、民主党政権時に、中国漁船が、尖閣諸島沖で海上保安庁の巡視船に体当たりしました。海上保安庁は、この船長を逮捕して石垣島で取り調べをしました。しかし、その直後、上海駐在のフジタという会社の社員四名が拘束され、レアアースの対日輸出が止められました。調整中の日中経済調整会議の多くもキャンセルされたと報道されました。情けないことに、当時の民主党政権は、中国の脅しに屈服して船長の取り調べを中断し、チャーター機で送り返してしまいました。まさに屈服外交そのものです。

脅せば日本は屈服するとの成功体験を持った中国は、台湾有事になれば、同じことを数倍、数十倍の規模で仕掛けてくるでしょう。それでも日本政府は踏ん張らなければなりません。

さらなる中国の奥の手は、おそらく核による恫喝になるでしょう。実は二〇二一年七月に中国の軍事チャンネル「六軍韜略《りくぐんとうりゃく》」が、「日本が台湾問題に首を突っ込んだら、例外的に核を使用し

ても いい」という動画をSNSにアップしました。中国は、核を保有していない国に対しては核攻撃しないという方針を、一応表明しています。しかし、「日本だけは別」だという脅しが、この軍事チャンネルの主張です。広島の原爆ドームの写真入りのこの動画は、二日間で二百万回のアクセスがあったそうです。

しかし、その後一旦削除されたものの、陝西《せんせい》省宝鶏市共産党委員会が再アップしました。中国共産党との関係が透けて見えるようです。台湾有事においては、このような動画がSNS上に投稿され、拡散されていくでしょう。しかし、こうした核の恫喝に対しても負けてはいけません。ウクライナも、この二年半以上にわたり、ロシアの核恫喝に耐え、敢然と戦っています。

有事に問われるシーレーンと資源の確保

日本政府が、対外的には米国の支援に注力し、国内的には南西諸島の防衛体制の強化、国内の混乱に対する民心の安定化に苦心する中、いよいよ米軍が軍事力を台湾島に投射して米中の戦いが始まれば、それまで非軍事的な攻撃に留めていた中国も、日本に対する物理的、軍事的な攻撃を躊躇なく実行してくると覚悟する必要があります。

たとえば、九州から沖縄に繋がる海底ケーブルの切断です。中国は、底引き網漁船を使った沿岸部における切断を試みるでしょう。あるいは、海底ケーブルが海岸に上がり、陸揚所というところで島内に配信されるのですが、その陸揚所の破壊などが考えられます。また、沖縄本島から先島諸島にも、ループ状に各島に二本ずつ繋がっています。五年前の二〇一九年、石垣島で二本とも海底ケーブルが切れたことがあります。台風で一本が切れ、もう一本は草刈り業者が誤って切断したそうですが、二日間ほどインターネットや電話が不通となりました。

現状、この海底ケーブルの維持・保守は、NTTやKDDI等、民間企業に委ねられています。各企業とも、ケーブルが簡単に切断されないように検討をしていると伺っていますが、そもそもこのような重要な通信インフラの防護は、国を挙げて取り組む必要があると思っています。

また、中国は、資源輸入国である日本のアキレス腱を物理的にじわじわと痛めつけ、「米国よりも中国」「戦争よりも平和」というキャンペーンを、世論に焚きつけようとするでしょう。具体的には、海軍艦艇や機雷を設置して、台湾海峡及びバシー海峡を封鎖し、南シナ海航路を通れなくします。これは、日本のシーレーン（海上交通路）の遮断です。日本のみならず、台湾、韓国にも大打撃となります。

また、石油備蓄基地等に対して、逐次ミサイル攻撃を行い、米軍支援をやめるよう、日本政府に圧力をかけてくる可能性があります。まさに今、ロシアがウクライナに実行している重要インフラへのミサイル攻撃による政治・国民に対する圧力と同じ手口です。原油、液化天然ガス（LNG）、石炭など、エネルギー資源のほぼすべてを輸入に頼っている日本にとって、その生命線とも言えるシーレーンの遮断は致命的です。

もちろん、過去二度のオイルショックの経験を踏まえ、国としても、様々な対策を講じてきていますが、これは台湾・日本での戦争を前提としたものではありません。現状、日本は石油を約八か月分確保しています。このうち、民間施設に依頼している備蓄が約八十七日分（産油国共同備蓄七日分を含む）、国の施設十か所に備蓄しているのが一四一日分です。この十か所のうち、七か所は地下施設ではないため、ミサイル攻撃には脆弱です。ここに一発撃ち込まれると、かなりの被害となります。

また、ＬＰＧ（プロパンガス）は、五十日分の備蓄しかありません。ＬＮＧはマイナス一六二℃に冷却するため、備蓄ができず、二～三週間分の在庫がなくなると、日本の電力の約三十三％（二〇二二年度実績）が止まります。こうなると、石炭による発電を増やすしかなくなります。石炭は六十六％がオーストラリアからの輸入に頼っているので、これで対処するしかない状況です。CO_2削減の影響で石炭は悪者のように扱われていますが、有事における石炭発電の具体化も検討しておく必要があるでしょう。

そもそも、約九十二％を中東に依存する原油、約四十三％を東南アジア・中東に依存するＬＮＧは、南シナ海を通って日本に届きます。南シナ海航路が止まれば、はるか西方のロンボク海峡などを経由しなければならず、かなり遠回りになります。そうなると、輸送日数が余計にかかり、ロイズの船舶保険も値上がりすることとなります。その結果、石油・ＬＮＧ価格が暴騰して、結局はこれまでのオイルショックをはるかに上回る経験したことのない第三次オイルショックとなります。日本は、いわゆる円安・株安・債券安のトリプル安に陥り、エネルギー、経済、金融的大危機に直面せざるを得ません。このような危機を絶対に起こさせてはいけません。

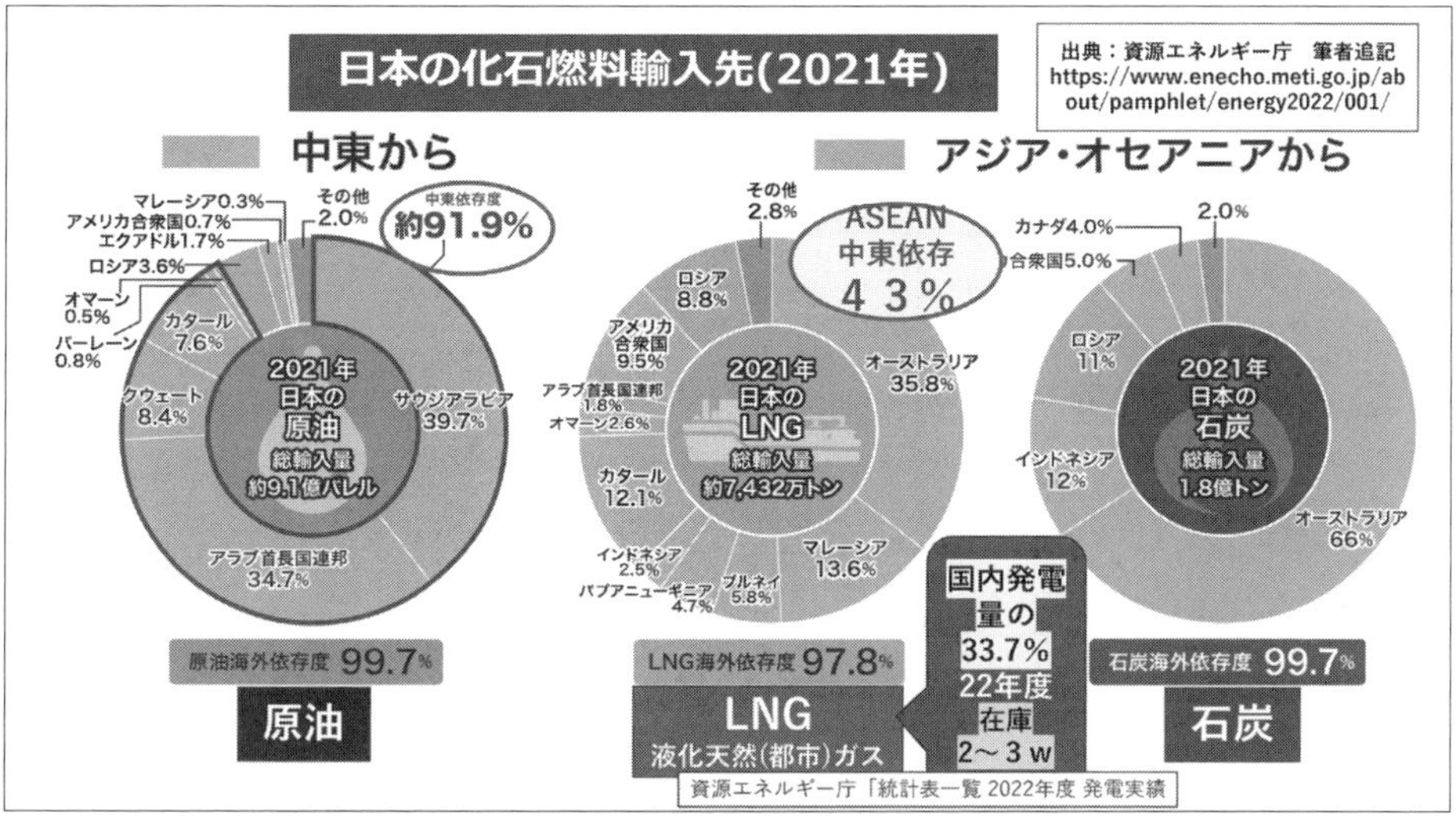
日本の化石燃料輸入先(2021年)
出典：資源エネルギー庁　筆者追記
https://www.enecho.meti.go.jp/about/pamphlet/energy2022/001/
中東から
アジア・オセアニアから
マレーシア0.3%
アメリカ合衆国0.7%
エクアドル1.7%
ロシア3.6%
オマーン 0.5%
バーレーン 0.8%
その他 2.0%
中東依存度 約91.9%
カタール 7.6%
クウェート 8.4%
サウジアラビア 39.7%
アラブ首長国連邦 34.7%
2021年 日本の原油 総輸入量 約9.1億バレル
その他 2.8%
ASEAN 中東依存 43%
ロシア 8.8%
アメリカ合衆国 9.5%
アラブ首長国連邦 1.8%
オマーン2.6%
カタール 12.1%
インドネシア 2.5%
パプアニューギニア 4.7%
ブルネイ 5.8%
マレーシア 13.6%
オーストラリア 35.8%
2021年 日本のLNG 総輸入量 約7,432万トン
カナダ4.0%
合衆国5.0%
2.0%
ロシア 11%
インドネシア 12%
オーストラリア 66%
2021年 日本の石炭 総輸入量 1.8億トン
国内発電量の33.7% 22年度 在庫 2～3 w
原油海外依存度 99.7%
原油
LNG海外依存度 97.8%
LNG 液化天然(都市)ガス
石炭海外依存度 99.7%
石炭
資源エネルギー庁「統計表一覧 2022年度 発電実績

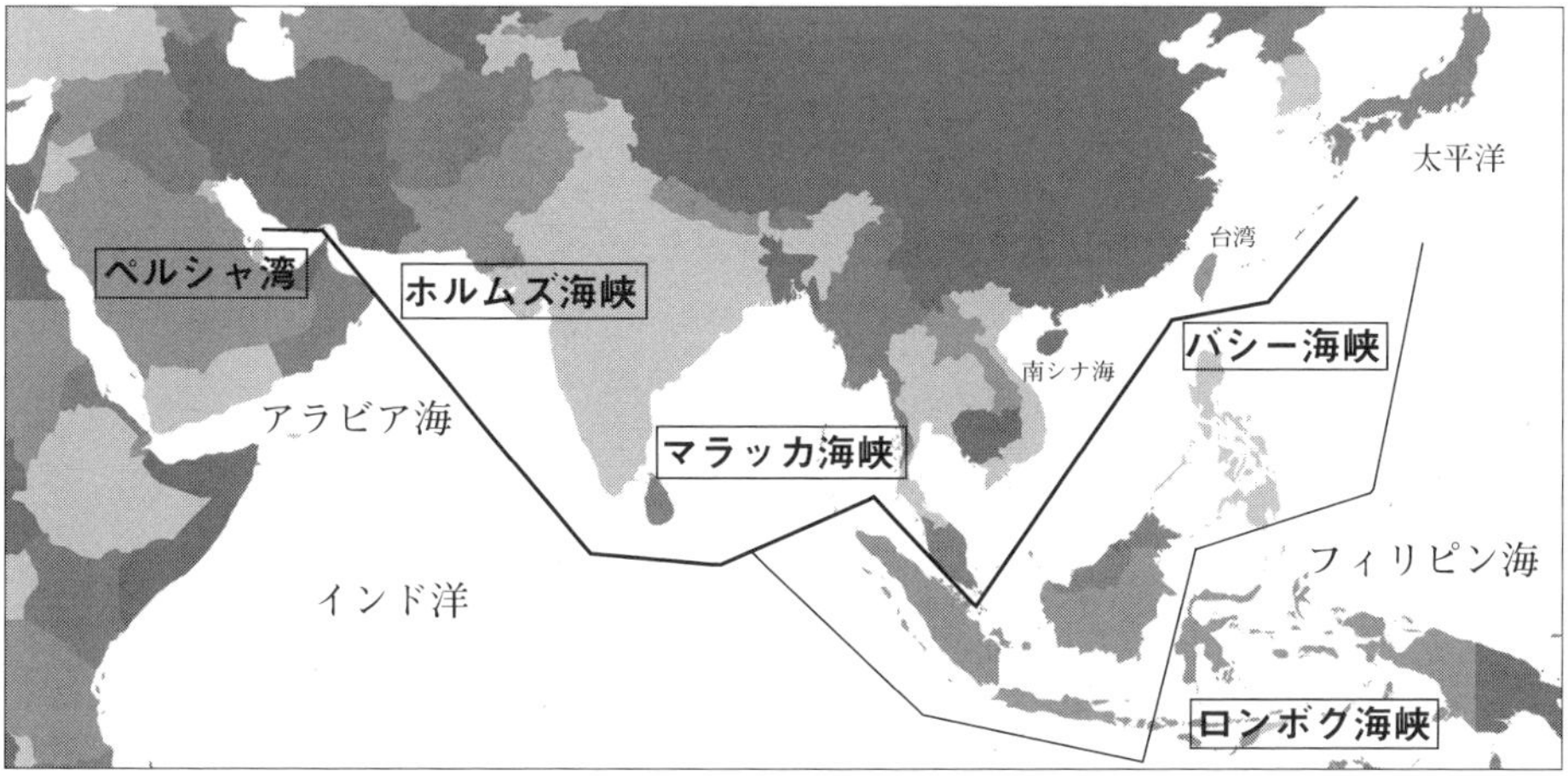
太平洋
台湾
ペルシャ湾
ホルムズ海峡
バシー海峡
南シナ海
アラビア海
マラッカ海峡
フィリピン海
インド洋
ロンボク海峡

第三章　変化を迫られる日本の安全保障戦略

画期的だった戦略三文書の策定

では、日本は今後どうすればいいのか、このことについて考えてみたいと思います。まずは、日本政府の考えを確認しつつ、課題などを明らかにしたいと思います。

これまで述べたような厳しい状況に対応するため、日本政府は、既に二〇二二年十二月十六日に「国家安全保障戦略（ＮＳＳ）」「国家防衛戦略（ＮＤＳ）」「防衛力整備計画」のいわゆる戦略三文書を閣議決定しています。

概ね向こう十年を念頭に、特に二〇二七年を一つの目標として、確実に日本の安全を保障できる戦略として打ち出しました。この戦略は、三十七年間自衛隊に勤務した者にとってみれば、「ようやくここまできたか」と感慨を覚えると共に、ここからがスタートであり、今後具現化することができなければ、絵に描いた餅になると危機感も感じています。

この三つの戦略文書について、少し過去に遡って説明します。

まず、「国家安全保障戦略」ですが、日本で最初に策定されたのは、安倍政権下の二〇一三年

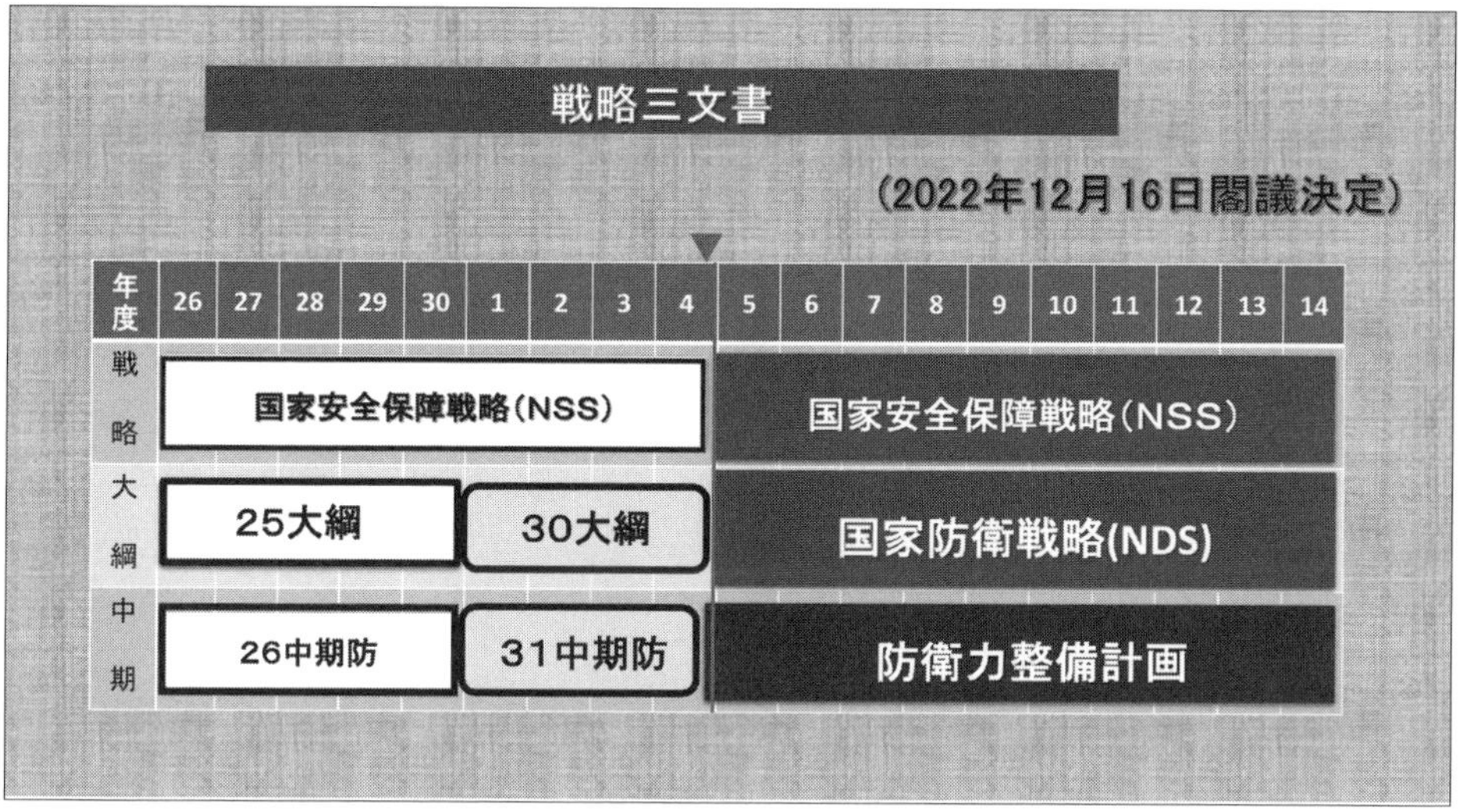

十二月です。それまでは、「国防の基本方針」というわずか二九〇字程度、紙一枚のものしかありませんでした。岸信介総理が一九五七年に策定したものですが、あくまでも「方針」であり、「戦略」と呼べる代物ではありません。

すなわち、我が国は戦後、二〇一三年までの約七十年、国家戦略も持たず、国防を米国に頼りながら、ひたすら経済発展に集中してきたといっても過言ではないでしょう。二〇一三年当時、私は陸上幕僚長を務めておりましたので、日本で初めて策定された、国家安全保障戦略に基づいて、陸上自衛隊の改革に着手しました。この時の「国家安全保障戦略」には、中国との関係においては、「戦略的互恵関係を構築し」という言葉も使われるなど、そこまで強い懸念は示されていませんでした。

一方で、国家安全保障の目標として、「第一の目標は、我が国の平和と安全を維持し、その存立を全うするために、必要な抑止力を強化し、我が国に直接脅威が及ぶことを防止するとともに、万が一脅威が及ぶ場合には、これを排除し、かつ被害を最小化する」と示されました。まさに強大化する中国に対しての抑止力の強化施策が重要との認識です。今日の南西シフトを敷く陸上自衛隊の基本体制は、この当時の「国家安全保障戦略」に基づくものです。

しかし、その後の約九年間で、中国の急激な軍拡や、強圧的な外交姿勢に対し、大きな懸念を抱いた岸田政権は、新たな「国家安全保障戦略」を策定しました。また、併せて「国家安全保障戦略」に基づく「国家防衛戦略」を日本で初めて策定しました。「何から何を守るのか」をより明確にした上で、相手が持つ能力に着目し、必ず勝てる、守れるだけの防衛力への転換を図ろうとする意味で非常に大きな進歩だと思います。

これまでは、「国家安全保障戦略」を具体化するものとして、「防衛計画の大綱」がありました。これは、向こう十年間の防衛力整備の指針を示したものであり、「どこまで戦える能力を構築するのか」という軍事的な目標の設定や、その目標を達成するために、「どのように何をもって」防衛力を強化するかということは定められていませんでした。「国家防衛戦略」が策定されたことにより、この問題が解消されたことは、歴史的な進歩だと思います。

さらに、これまでの「中期防衛力整備計画」は、「防衛計画の大綱」に基づき、向こう五年間で、ミサイルや戦闘機、護衛艦をどれぐらい買うかというものでした。簡単に言えば、「五年間の買い物計画」でした。また、財務省的な視点から見れば、中期防衛力整備計画で認められた総額約二十五兆円は、あくまでも予算額の上限値であり、防衛費をそれ以上増やさないための歯止めでもありました。

しかし、新たに策定された「防衛力整備計画」は、向こう十年間で、「国家防衛戦略」が示した目標を達成できるように計画され、特に、最初の五年間は重点的に具体化がなされています。令和九年度までの五年間でこれまでの約二十五兆円をはるかに上回る四十三兆円を投資する計画であることからもわかるように、国家防衛に必要な予算を確保するという政府の意志が明確に示されました。

そうした意味でも、この「戦略三文書」は、日本の安全保障政策上、歴史的な転換点となる文書であると言えますが、他の観点から見ても歴史的な意味を持ちます。

反撃能力保有を認めた脅威対抗型の防衛力構築に向けて

たとえば、中国を「これまでにない最大の戦略的挑戦」と明示したことです。二〇一三年の「国家安全保障戦略」では、中国に対する厳しい認識は示されていませんでしたが、今回は、外交・政治上、最大限の厳しい言葉を使ったと思います。三文書全体をよく読むと、実質的には中国を脅威として捉えていることがわかります。

二つ目は、その脅威に対抗するための防衛力を構築することを明言していることです。どういうことかというと、これまでは、どこかの国を脅威と捉え、その国からの侵略に対抗するための、いわゆる「脅威対抗型」の考えをとっていませんでした。代わりに、日本自らが他国の脅威とならないよう、「平和時の防衛力の限界」を示す必要最小限の防衛力を持つことを方針としていました。この考え方を「基盤的防衛力」と言います。

米国の核の傘の下、国連による平和維持活動を重視し、憲法九条による「戦力を持てない、持たない」という呪縛から抜け出せない状況が続いてきたのです。それがようやく「脅威対抗型の防衛力への完全脱却」が図れたことは画期的です。とはいえ、憲法九条に起因する本質的な問題点はまだ解決されたわけではありません。この点は、本書の最後で説明したいと思います。

三つ目は、日本自ら自立的な防衛力として、反撃能力を保持したということです。アメリカに百%おんぶに抱っこではいけない。自力でできることは自力でやるということが明確にされました。盾と矛の、矛の一部でも日本自らが持たなくてはいけないという、切羽詰まった危機意識が共有されたのだと思います。

「反撃能力保有」については、徹底的な「防空能力」と「反撃能力」、この二つをセットで考えていくことが重要です。過去の国会質疑において、野党は、国民をどう守るかという本質論よりも、相手国に対する先制攻撃にならないようにするための議論を重視しているように見えました。防空能力だけで本当に守りきれるのであればいいのですが、そもそも完全無欠な防空は、技術的にも予算的にも不可能だということを、まずは理解する必要があります。いくら数多く防空兵器を揃えたとしても、広大な領土全ての完全防空はあり得ません。

中国は日本に届く射程一千キロから三千キロの準中距離弾道ミサイルを一千発以上、射程三千キロから五五〇〇キロの中距離弾道ミサイルを五百発以上、さらに射程一五〇〇キロ以上の巡航ミサイルを三百発以上、総計で一八〇〇発以上を保有しています。

これら弾道ミサイルに対しては、機能的にはイージスミサイルで迎撃は可能であり、また巡航ミサイルに対しても、空自・陸自が保有する対空ミサイルで地域的な防空は可能です。しかし同時に大量攻撃を受けた場合は、迎撃が困難となります。今のウクライナが陥っているのはこの状態で、迎撃できなかったロシアのミサイルが着弾し、大きな被害が出ています。

この量的な問題に加えて、質的な問題もあります。近年はミサイル技術の進化により、益々防空が難しい時代になっているのです。中国、ロシア、北朝鮮が配備を進めている極超音速滑空ミサイルは、マッハ五以上の速度、高度約五十キロ以下の低い高度を、変則軌道で飛来するため迎撃できない状況にあります。

どういうことかというと、弾道ミサイルは、上空高く一千キロ近くまで飛翔しますので、地上の防空レーダーでかなり遠くから探知できます。その後、弾道ミサイルはロケット噴射を停止し、後は自動落下で、放物線を描きながら目標に向かって落ちてきます。放物弾道に変化がないので、何秒後にどこに来るか防空システムで予測できるため、イージスミサイルで迎撃ができるのです。しかし、極超音速滑空ミサイルは、地平線の向こうから低い高度で飛翔してくるので、地上レーダーでは、近くに来るまで発見が難しいのです。発見した時には、かなり近い距離なので、速やかに対応しなくてはなりません。加えて、極超音速滑空ミサイルは、軌道を変えながら飛翔して来るので、何秒後にどこを飛んでいるかが予測できないのです。

今現在、このようなミサイルを打ち落とせる防空兵器をどの国も保有していません。日本では、防衛省が、高性能の対空ミサイルの研究開発を進めています。仮に開発が実現すれば、重要な都市部等、一部の地域については守れますが、日本全域の防空は、やはり量的にカバーできません。では、どうするのか。先ほども述べたように、撃たせないための反撃能力を持つしかないという結論になるのです。

このことは、ウクライナの現状を見ても一目瞭然です。彼らは、自国領土内の発電所、ガス、水道、鉄道、通信施設、学校、病院……、あらゆる重要な場所に、ロシアからミサイルを撃たれ放題です。何とか防空兵器で守ってはいますが、全てを打ち落とすことはできず、大きな被害を受け、二〇二四年七月時点で、火力発電所の八割、水力発電所の五割が発電を停止しています。

ウクライナは、自前の反撃力を持たないので、米国等に長射程のミサイル等の供与を要求していますが、米国はロシアに配慮して、ウクライナへの反撃力供与を認めていません。ウクライナは、やむを得ず自国生産の長距離ドローンでロシア領内の基地や石油インフラを攻撃していますが、攻撃力が限定されているのが現状です。

反撃力を保有しない今の日本は、ウクライナに近い状況です。仮に他国が攻撃してくるなら、「こちらもやり返す。同じくらいの被害を与える」と相手を制する力、すなわち反撃力をもって初めて、相手の攻撃を思いとどまらせることが可能となります。

もちろん憲法上は反撃能力の保有は可能なのですが、先ほど述べた、「自衛のための必要最小限の防衛力」の観点から、これまで、日本独自の反撃力の保有をためらってきたのです。そもそも独立国として、自衛のための反撃力を持つことは当然の権利であり、国家としての自国防衛における責任でもあります。「自分の国は自分で守る」との本来の姿に、やっと日本も目覚めたと言えるでしょう。

この点に関する国会質疑では、野党が、日本が先制攻撃するのではないかとの懸念を執拗に質問していました。しかし、国家安全保障戦略には、「万一、相手からミサイルが発射される際にも、ミサイル防衛により、飛来するミサイルを防ぎつつ、反撃能力により相手からの更なる武力攻撃を防ぎ、国民の命と安全な暮らしを守っていく」と記され、まずは防空能力で守りつつ、それでも守り切れなくなって初めて反撃力を行使するとの基本的な考え方が明らかにされています。

また、国家防衛戦略には、「二〇二七年度までに、地上発射型及び艦艇発射型を含めスタンド・オフ・ミサイルの運用可能な能力を強化する」と記されています。木原防衛大臣は、反撃力としての日本国産のミサイル開発を急がせるとともに、二〇二四年一月に、アメリカの巡航ミサイル「トマホーク」を、最大で四百発購入する契約を結んでいます。半数の二百発を、当初の予定から一年前倒しして二〇二五年度から取得し、配備する予定とされています。自国のスタンド・オフ・ミサイルの生産を急ぎながらも、もっと早く反撃能力を保有するため、米国からも購入しようとしているのです。それほど、危機が切迫しているとみるべきでしょう。

官民による国全体の総合的な防衛体制の強化

四点目は、総力を結集して国を守るという考え方を打ち出したことです。安倍政権時の国家安全保障戦略は、主に「外交と防衛」によって国を守るという考え方でした。

しかし、今回はこれに加えて、経済力・技術力・情報力を総合して国を守るという方針を明確にしています。「総合的な防衛体制の強化」と称して、国全体の総合的機能を強化しようとの姿勢は画期的だと思います。つまり、安全保障の担い手は防衛省だけではなく、全省庁さらには国家全体だということです。官民問わず、全ての組織やインフラが機能しなければ国は守れないのです。軍事的な脅威に対してはもちろんのこと、政治、経済、外交、情報、技術等あらゆる非軍事的な脅威に対して、最悪の事態を想定した上で、安定的な国民生活を維持させなければなりません。

ウクライナは、ガス、水道、電気、空港、港湾、道路、病院等、あらゆる重要インフラが攻撃されています。これらは民間の事業者が活動する場所です。民間の作業員等は、前日に同僚がロシアのミサイル攻撃で死亡しても、発電を継続するため、通信を維持するため、穀物を港から輸出するため、そして傷病者を救護するため……、ひょっとしたら、次は自分も死ぬかもしれない恐怖の中で、社会活動、経済活動、そして市民活動を継続するため闘っているのです。

民間人を含め、国民皆が「闘う」ことによって、ミサイル攻撃を受けても、国全体の社会活動が機能しているうちは、負けることはないのです。

日本にとって大事なのは今後、地方公共団体を含む政府内外の組織、官民の垣根を越えた連携を進め、国全体の機能強化を実現することです。与那国島を含む南西諸島防衛においても、地方自治体との連携がなければ国民を守れません。「住民たちを守れずに何が防衛だ」という意味では、地方自治体との連携は欠かせません。

以上述べてきた通り、まさに国家総力戦の時代になっているのです。日本が、国を挙げてしっかり自らの力で国を守る態勢をとるようになれば、習主席も、日本に手出しするのを躊躇する可能性が高まります。防衛省・自衛隊だけでなく、国全体の闘う姿勢が重要です。

いざという時、国民をどう保護するか

以上、歴史的な転換点となった戦略三文書の進化した点を四点に絞って説明してきましたが、ここからは、さらに具現化が必要な点をいくつか指摘したいと思います。

まず一点目として、国民の皆さんをどうやって保護するかということです。

台湾有事に際して、中国が、米軍の台湾への戦力展開を阻止し、日本による米軍支援を中止させるべく、最終的には、ミサイルによる日本攻撃の可能性があることは既に説明しました。呉江《ごこう》浩《こう》駐日中国大使が、「（日本が台湾に加担すれば）日本の民衆が火の中に連れ込まれることになるでしょう」と発言したことも説明しましたが、これを単なる脅しとして侮らないことが重要です。

加えて北朝鮮の動向も念頭に置く必要があります。二〇二二年のペロシ下院議長の訪台時、北朝鮮は、中国に対し連帯書簡を送り、中国と行動を共にすることを約束しています。また北朝鮮は、二〇二四年一月、「金正恩総書記が二〇二三年の核兵力および国防発展の変革的戦略を指示した。戦術核兵器を大量生産していく方針を明らかにして、核弾頭の保有量を幾何級数的に増やすこと

も表明した」と報道されています。

日本に届くミサイルが、中国、北朝鮮で合わせて一千発を優に超えていることを念頭に置く必要があります。飽和攻撃を受けた時は守り切れません。反撃能力を持つことにより、抑止力は向上しますが、国防は常に最悪のことを考えなければなりません。

国民の方々が避難できる地下施設が必要です。この点、国家安全保障戦略には、「国、地方公共団体、指定公共機関等が協力して、住民を守るための取組を進めるなど、国民保護のための体制を強化する。……様々な種類の避難施設の確保、……等を行う」とあります。この「様々な種類の避難施設」には、地下鉄やデパ地下なども含まれると思いますが、自治体等との調整・検討を進化させ、構築に向けより積極的に具体化していくべきです。

特に危険と思われるのが、台湾に近い先島諸島と、政治経済の中枢や、重要インフラがある地域です。国民保護においては、危険な地域の方を、その地域から避難してもらうこと、併せて、その地域から避難できない方々のために、身の安全を守るためのシェルターが必要です。

先島諸島では、国が主導し、沖縄県、先島諸島五市町村と、有事を想定した避難訓練を二〇二三年三月に実施しています。住民と観光客計十二万人が避難対象になると想定し、図上の検討を行っています。

六日間で避難させることができたとの結果が報道されていますが、さすがに初期段階の図上訓練と言わざるを得ません。当日の気象・天候条件や、車椅子等を必要とされる要介護者の見積もりが不十分です。加えて、先にも述べましたが、空港は自衛隊機も使用するので、駐機場、滑走路は避難のためだけにフルに使用できないことが考慮されていません。さらに指摘すれば、一律に全員を九州に輸送することが前提となっていますが、先島諸島の方々は、身寄りのない九州よりも沖縄本島に避難したい方もおられるそうです。今後は、そのような点も考慮に入れた上で、今回検討した計画を、より実効性ある計画に進化させていくことが重要です。

また、先島諸島のシェルターは、島に残る方々の人数に応じた個数や、事態に応じた強度等が必要となります。情勢が緊迫した段階で島に残っておられるのは、首長はじめ自治体の職員、警察、消防、海上保安庁、NTT、沖縄電力、病院等公共機関の方々です。また、飛行機で島外に避難できない方も考慮に入れるべきでしょう。

この点については、現在、政府と与那国町及び石垣市等の間で調整が進んでいます。たとえば、役場の施設の地下にシェルターを建設し、普段は地下駐車場や会議室などとして利用しつつ、いざというときは避難に活用するといった方法です。

政府は、二〇二四年三月二十九日、有事の際に住民が避難できるシェルターの整備に向けた基本方針と技術指針を発表しました。この方針・指針には、いわゆる「台湾有事」なども念頭に、近接する沖縄の先島諸島の住民を守る対策を強化する必要があるとして、石垣市、宮古島市、与那国町、竹富町、多良間村の五つの市町村に「特定臨時避難施設」と称する新たなシェルターを作るとしています。

政府は武力攻撃事態の四類型として「着上陸侵攻」「ゲリラや特殊部隊の攻撃」「弾道ミサイル攻撃」「航空攻撃が複合的に起こること」を想定しています。ミサイルの爆風にも耐えられるよう、外壁の厚さは鉄筋コンクリート三十センチ以上の堅牢な構造にし、避難者一人当たり二平方メートル程のスペースを確保して、備蓄倉庫や電気・通信設備なども備え、二週間程度しのげる最低限の生活環境を整える計画です。これを政府の財政支援を受けた自治体が公共施設などの地下に設けるとしています。政府は、これらの計画を専任的に策定する部署を二〇二四年四月に設置しました。わずか十人程度の部署ですが、今後の発展に期待したいと思います。

一方、政治経済の中枢である首都圏や大都市、あるいは国民の生活を支える重要インフラが所在する地域、さらには沖縄本島の方々が避難するシェルター建設は、これからの課題です。これらの対象は大変幅広く、かなりの数のシェルターが必要となります。また沖縄本島は地下鉄がなく、地下施設も極めて少ないため、緊急一時避難施設として指定する地下施設は二〇二三年四月時点で八か所しかありません。

私は、これまでに数回台湾を訪問していますが、台湾の関係者にお聞きしたところ、台湾では、約八千万個のシェルターを準備しているとのことでした。「人口二三〇〇万人に対して、なぜ八千万個なのか」と聞いたところ、「一人に対して三・五個準備している。デパートで買い物をしていても、どこに居ても市民が逃げ込めるシェルターの数だ」と説明してくれました。

台湾に比べ、日本はまだまだシェルターの普及が進んでおりません。今後は、先島諸島のみならず、政治・経済の中枢である都市部や沖縄本島での避難施設の拡充が不可欠です。難しく聞こえるかもしれませんが、都市部は、地下駐車場やデパ地下、駅地下など既存の施設が多くあるので、これらを活用すれば、ゼロからのスタートではないはずです。

宇宙・サイバー領域の戦いにおける課題

二点目は、宇宙やサイバー領域における能力の向上です。ロシアがウクライナに攻め込んだ当日、ロシアは、ウクライナ政府・軍が使用している通信衛星に対しサイバー攻撃を仕掛けました。この攻撃は成功し、通信量が一挙に十七％まで低下し、実質的に使い物にならなくなりました。もちろん、ウクライナはこのような状況に陥ることを予期していたのでしょう。米国政府及びイーロン・マスク氏に依頼し、スターリンク衛星五千機を調達することができました。なんと依頼してから十時間後にはウクライナに届いていたそうです。

その後、二〇二三年時点で、一万五千機までスターリンク衛星が増加し、ウクライナはこのお蔭で戦いが継続できているそうです。ここから学ぶべきは、宇宙とサイバーは連携している、ということ。そして、サイバー攻撃を未然に防ぐことが重要であるとともに、仮に被害が出た時の予備対策も準備しておく、ということでしょう。

今ではウクライナは、ロシアのサイバー空間内に入って、プーチン大統領や、ショイグ国防大臣の命令・指示書を掴んでいるようです。加えて、アメリカから提供された商業用の衛星写真を加味して、ロシア軍の意図や行動を暴く情報戦を展開しています。この衛星画像は、戦車かトラックかを見分けることができるほど解像度が高く、それも毎日のように受け取っているそうです。孫子の兵法にもあるように、「彼を知り、己を知れば百戦殆《あやう》からず」です。相手の手の内を、サイバー空間と宇宙空間から掴み取れれば、負けることはないのです。

こういったサイバー空間上の作戦を行うためには、いわゆる「能動的サイバー防御」（ＡＣＤ、アクティブ・サイバーディフェンス）の能力が必要となります。この点、国家安全保障戦略には、「国や重要インフラ等の安全等を確保するために、サイバー安全保障分野での対応能力を欧米主要国と同等以上に向上させる」「サイバー攻撃が発生した場合の被害の拡大を防止するために能動的サイバー防御を導入する」と示されています。

また、防衛力整備計画においても、「二〇二七年度を目途に、自衛隊サイバー防衛隊等のサイバー関連部隊を約四千人に拡充する」「二〇二七年度を目途に、サイバー関連部隊の要員と合わせて防衛省・自衛隊のサイバー要員を約二万人体制とし、将来的には、更なる体制拡充を目指す」と謳われています。

現在、この体制を構築できるよう努力が続けられていますが、課題は法改正です。仮にサイバー部隊を四千名に増やしても、部隊に権限が付与されなければ、サイバー防御の実行に踏み切れないのです。

こういった国家組織としてのサイバー部隊は、平素から訓練し、相手のサイバー戦能力や態勢を把握しておかないと、いざという時に使い物になりません。スーパーコンピューターや人工知能（ＡＩ）をも駆使して暗号を解き、相手のサイバー空間に侵入して特定しなければならない。誰が、どこから、どういう攻撃を仕掛けているのかということも掴んでおくことが重要です。

そして、実際どの相手が攻撃しているのかを特定するには、サイバー攻撃を受けている民間事業者等との連携も不可欠です。民間事業者の情報提供により、相手の攻撃の実態を掴み、そこから相手にたどり着いた上で、そのサイバー空間に侵入して無害化する。これで初めて、次なるサイバー攻撃を防御できる。こういうからくりなのです。これを実行するため、戦略三文書には、三つの大事なことが指摘されています。

一つは、重要インフラ分野を含む民間事業者等と政府との情報共有です。たとえば、NTTなど通信事業者等が、サイバー攻撃等に関し、どういう現状にあり、どういう特徴の攻撃を受けているかということを平素から政府も掌握していないと対応がとれない。しかし現状は、政府が民間事業者からこのような情報提供を受けることは、「電気通信事業法」で規制されているため困難です。

まずはこれを改正しなければ、政府が民間事業者へのサイバー攻撃の状況を掌握することはできません。政府と民間事業者との連携の枠組みがないのです。

二つ目は、相手のサーバーに入り込むことです。サイバー攻撃を実行していると思われるサーバーを突き止め、そこに侵入することでサイバー攻撃を阻止できるのです。攻撃するだけでなく、相手が考えていることを情報収集するためにも、侵入することは重要です。

しかし現状では、この行為が「不正アクセス禁止法」に引っ掛かります。国外で、たとえば中国のある地点から日本に攻撃しているのがわかっていても、そのサーバーに入ることが国内法で禁じられている。ナンセンスですが、れっきとした現実です。

三つ目は、これら二つの問題の前提となる憲法です。憲法二十一条は「通信の秘密の保護」を定めています。これは、通信手段が郵便しかなく、自分宛以外の封書は絶対開封してはならなかった時代を前提としたものです。

しかし、今の時代は一つのインターネット情報が何百万人、何千万人に一気に共有される時代です。その中にウイルスが入っていれば、受け取った者全員が感染し、状況によっては物理的被害も発生します。

この個人の「通信の秘密」を守るという憲法二十一条の規定に対して、憲法十三条には公共の利益と公の秩序を維持する「公共の福祉」の規定があります。つまり公共の被害を防ぐためには、限定した行為を憲法二十一条の規定にかかわらず、実行できるとの認識です。

政府が通信事業者と連携して情報を共有し、相手のサーバーに侵入することは、公の利益と秩序を維持するという公共の福祉に規定された憲法十三条の精神に適うので、これを尊重すべきだと思います。憲法二十一条で個人の秘密はしっかり守りながら、いざという時には国家としてきちんとサイバー防衛のために、通信事業者が保有する情報を一部使うことができるということを規定すれば、憲法の改正に及びません。

具体的に想定される場面を政府が明示して国民の理解を得た上で、憲法上の整理をすれば、不正アクセス禁止法も、電気通信事業法も適用除外でき、戦略三文書が示した能動的サイバー防御が実行できることになります。このことにより、中国の特定のサーバーの中に入って、習主席が本当に日本を攻撃しようとしているのかどうかを探ることもできるのです。これは、絶対に実行すべきだと思います。

この点に関し、二〇二四年二月五日の衆院予算委員会において、近藤正春内閣法制局長官は、自民党の長島昭久衆議院議員の質問に答える形で、憲法上の解釈を示しています。それは、憲法二十一条が保障する「通信の秘密」に関し、「公共の福祉の観点から、必要やむを得ない限度で一定の制約に服すべき場合がある」というもので、サイバー攻撃で国民に甚大な被害が発生する場合などを念頭に、通信の秘密より公共の福祉を優先する可能性があるとの考えを示したものです。

このように、憲法上の課題はクリアできたと思いますので、これに基づき、次は電気通信事業法や不正アクセス禁止法といった法律レベルの課題に関し、今後の国会において解決していただくことを期待したいと思います。

■第四章■　日本が真の独立国家であるためには

天は自ら助くる者を助く

さらに具現化が必要なのは、日本人の意志の問題です。世界価値観調査という調査があります。二〇二一年一月「もし戦争が起こったら国のためにあなたは戦いますか？」という設問を、計七十九か国に対し実施しています。日本は、「はい」と答えた割合は、世界最低の十三・二％です。「いいえ」は四十八・六％、「わかりません」は三八・一％でした。

これは、戦後長年にわたった東京裁判史観の影響による偏った歴史教育の結果とも言えると思います。国家の存在価値を考えることを避け、ことさらに個人の権利を主張してきたことに起因しているのでしょう。「愛国心」という言葉さえも口にすることがためらわれ、「国家」を悪いものとして扱おうとしてきた戦後教育やメディア報道の中で生きてきた人たちからすれば、「国のために戦うかどうか」という質問に対して、ためらうのも無理はないと思います。そもそも戦うというイメージさえもできない、ましてや考えたこともないという人も多かったのでしょう。これが現実であり、世界最低という数字は、今の日本人の国家に対する認識そのものでしょう。

同じようなアンケート調査が、国内でもありました。NHKが実施した「Z世代と〝戦争〟三千人アンケート」です。二〇二三年八月十五日に発表されました。この調査は、全国の十三歳から二十九歳の男女三千人に対してのアンケートで、二〇二三年七月七日から八日に実施されています。その結果は、

「もしも戦争に日本が巻き込まれたらどうするか?」

戦争に参加せず、戦争反対の声を上げる　三六%
戦争に参加せず、国外に逃げる　二一%
戦争に参加しないが、支持する活動に参加する　十%
戦闘に参加する　五%

となっています。

さらに、別のアンケート調査も見てみましょう。内閣府政府広報室が、二〇二三年三月に発表したものです。これは、全国十八歳以上の日本国籍を有する者三千人に対して、二〇二二年十一月十七日から十二月二十五日の間、実施した有効回収数一六〇二人（有効回収率五三・四%）の結果です。

「あなたは、もし日本が外国に侵略された場合、どうしますか?」

自衛隊に志願する　四・七%
自衛隊に志願しないものの、何らかの方法で自衛隊を支援する　五一・一%
侵略した外国に対して、武力によらない抵抗をする　十七%

侵略した外国に対して、一切抵抗しない　一・四％
なんとも言えない　二四・三％

内閣府の調査では、それなりの抵抗意識があるようにも思えます。しかし、これまで述べてきたように、本当に日本が侵略を受けるかもしれないという厳しい状況に置かれていることを考えれば、この調査結果は、心配に思えてなりません。

ところで、二〇二二年二月二十四日、ウクライナが侵攻を受けた際、米国は、ゼレンスキー大統領に対して、米国への亡命意志に関して確認したとの報道があります。その際、ゼレンスキー大統領は、「ウクライナに残って戦う」と返答したそうです。ロシアは翌二十五日、「ゼレンスキーが逃げた」という趣旨のフェイクニュースを流しました。

これに対して、ゼレンスキー大統領は、その日の夜、キーウ市内において閣僚たちと一緒に映っている自撮り動画をＳＮＳ上に流し、「この国の国民も、私たちもここにいる」と戦う意志を国民に示しています。このような政治リーダーの愛国心、国防意識があるからこそ、これまで三年近く、国民は戦っているのでしょう。そして、ウクライナ国民が自ら戦っているからこそ、西側の自由主義諸国も支援を継続しているのです。まさに、「天は自ら助くる者を助く」です。

逆に、自ら戦わない国は、誰も助けません。バイデン大統領は、二〇二一年八月十六日、アフガンから米軍を撤退させた時の記者会見において、次のように述べています。

「アフガニスタン自身の軍隊が戦わないのに、アメリカ軍に戦うように命令するのは間違っているということだ」「アフガニスタン軍が戦わないのに、アメリカ人の娘や息子をあと何世代、アフガニスタンの内戦に送り込めばいいのだろうか。アメリカ人の命をあと何人分、アーリントン国立墓地に延々と並ぶ墓石に変えたらいいのか？　その価値があるだろうか」

この言葉は、国民の愛国心・抵抗心が無ければ国が亡びるということを示しています。もし、台湾有事に際して、日本人が、先ほどの価値観調査の通りの行動をとり、自ら日本を守ろうとしない人が多くいた場合、そして、台湾を助けようとする米軍を支援しなかった場合、米国はどういう行動をとるでしょうか。このことは、日本人としてしっかりと認識しておく必要があると思います。

台湾有事に話を戻します。本当に台湾有事が起こったらどうなるのか。米国のシンクタンクＣＳＩＳが二〇二三年一月、二十四回のシナリオに対するシミュレーション（図上演習）を実施しました。その結果、二十一回は、米国と台湾軍が中国軍の侵攻を止めたものの、残りの三回は、中国の侵攻を許しています。三回の敗因の一つは、日本の対米支援がなかったからだそうです。

ここで重要なことは、二十四回のシミュレーションの結果、いずれのケースも、中国軍、米軍、台湾軍、そして自衛隊も含め、大きな損害を出し、台湾の国土は大きな被害を受け、さらに、日米台中ともに、それまでの世界における地位は維持できず、国力そのものが疲弊してしまったということです。今のウクライナ戦争を見ても容易に理解できると思います。日本は、これを他人事として、傍観できるのでしょうか？

こうならないよう、我が事として真剣に国を守るということを考えるべき時です。では、どうするのが一番の得策なのか、考えてみましょう。

戦う意志を示さずして、戦争を抑止することはできない

孫子の兵法では、「百戦して百勝するは、善の善なるものにあらざるなり。戦わずして人の兵を屈するは、善の善なるものなり」と説きます。百戦百勝はベストではない。戦うことなく相手を屈服させることが最良だということです。まさに、習主席に侵攻の決断をさせない。戦わずして中国に勝つこと、すなわち、中国を抑止することを追求すべきなのです。そのためには、戦う意志と能力を持ち、それを相手に認識させることです。ウクライナのゼレンスキー大統領は、戦時下のトップとしては、かなりよくやっていると思います。しかしながら、彼の最大の失敗は、戦争を起こさせないように、プーチンを抑止できなかったことです。

戦争開始の七か月ほど前、二〇二一年七月に、プーチン大統領は、「ロシア人とウクライナ人の歴史的一体性」という論文を発表しました。

この中で彼は、「ロシア人とウクライナ人はひとつの民族であり一体である。私の信念でもある」と述べています。この頃から、米国は、ゼレンスキー大統領に対し、戦争が起こる可能性を指摘し、警告していました。戦争開始約一か月前の一月二十八日、バイデン大統領とゼレンスキー大統領の電話協議における会話内容をBBC放送が明らかにしています。

バイデン大統領は、「ロシアが二月にウクライナに侵攻する確かな可能性があると何か月も前

から警告してきた」と話したのに対し、ゼレンスキー大統領は、「緊張緩和に向けた最近の外交努力について話し合った」と答えています。バイデン大統領の警告を軽視し、外交に頼ろうとしていたゼレンスキー大統領の姿勢がわかります。

しかし、力のない外交だけでは、戦争を抑止できません。戦争に至る前に、ゼレンスキー大統領がバイデン大統領の警告を受け止め、ウクライナとして戦う意志を示し、欧米の支援を受けて戦う準備をしていたなら、プーチン大統領も侵略を思いとどまったかもしれません。歴史に「もし（if）」は禁物でしょうが、戦争を抑止することがどれほど重要かをウクライナ戦争は見せつけています。

ウクライナの例を教訓として、日本として、常に国防の意志と能力構築の姿勢を持ち、習主席に対して、「日本の意志を見誤るな」ということを絶えず示し続けることが一番大事だと思います。抑止という観点では、日本は、歴史的にも北のソ連（ロシア）、朝鮮半島、そして南方正面を抑止しようとしてきましたし、また地政学的にも常に三つの正面に対応することが宿命となっています。今、日本が民主主義国の友好国以外で国境を接しているのはロシアです。

私は、北海道を守る北部方面総監として勤務した経験がありますが、国境を接するロシア軍の行動は、日々注視していました。もちろん、直ちに争いが起こるという状況ではないのですが、緊張を緩めることはありませんでした。北海道には陸上自衛隊約十五万人のうち、主力約四万人を配置しています。

一方、朝鮮半島には韓国が北朝鮮と対峙しているので、対馬警備隊は約五百名程度で対応しています。南方も、台湾が中国と対峙しているので、与那国島の陸自は約一七〇名で対応しているのです。

もし、台湾が権威主義国の中国の領土となれば、日本は、南西諸島にも数万人を配備しなければならなくなるでしょう。日本の安全保障体制をガラッと変えざるを得ません。とても十五万人では足りなくなるのです。ただでさえ定員を割り、少子化で自衛隊隊員の採用が難しくなっていく中、数万人規模で陸自隊員を増員することは現実的ではありません。日本の国益のためにも、台湾は現状のままの民主主義体制を維持してくれることがベストなのです。台湾の方々の約六割も現状維持を望んでいるのですから。

安倍元総理が提起した核抑止の議論

相手を抑止するという観点では、核攻撃の抑止も重要です。我が国の周辺にはロシア、中国、北朝鮮という三つの核保有国が存在し、いずれの国も権威主義国であり、信頼できる国ではありません。これまでは、核の脅威に対しては、米国に全てを委ねていましたが、中国の核兵器の軍拡が急速に進んでいる上、さらにロシア、中国、北朝鮮が連携して日本に挑んできた場合、本当に米国の核抑止が機能するかどうかは大きな問題となります。

この点、安倍元総理は、二〇二二年二月二十七日のテレビ番組において、核の脅威から我が国をどう守るのかを議論すべきと強調しました。具体的には、「ウクライナがＮＡＴＯに入ることがでていれば、ロシアによる侵攻はおそらくなかっただろう」とした上で、「わが国はアメリカの核の傘のもとにあるが、いざという時の手順は議論されていない。非核三原則を基本的な方針とした歴史の重さを十分かみしめながら、国民や日本の独立をどう守り抜いていくのか現実を直視しながら議論していかなければならない」と述べられました。そして、アメリカの核兵器を同盟国で共有して運用する「核共有」について、ＮＡＴＯに加盟している複数の国で実施されているとして、提言されました。

しかし、その一か月後の三月二十八日、自民党の宮沢博行国防部会長は、インターネット番組に出演し、核共有に関し、党内で議論した結果、「核を置いた時点で攻撃対象になることなどを考えると日本に核を持つ実益がない。唯一の核被爆国として核廃絶を主導する責務があるわけで、その理想、夢は絶対に捨ててはいけない」と述べ、自民党内での議論は終わったとの見方を示しました。何ということでしょうか。

安倍元総理は、核を日本に置け、とは一言も言われていないのです。核の脅威からどのように我が国を守り抜くのかを議論すべきと言われているのです。その真意を蔑《ないがし》ろにしてしまったことは大きな問題だと思います。たしかに、宮沢氏は、同番組において、今後の議論のあり方について「核共有ではなく拡大抑止をどうするかという論点に移る」と述べており、議論を続ける意思はあったのかもしれません。しかし、その後も、自民党内で拡大抑止の議論がなされているとは報道されていないことを思えば、宮沢議員個人の問題ではなく、自民党としての姿勢にも問題があると言わざるを得ません。元総理のタブーを破る勇気ある提言から自民党さえも逃げているという、日本の核アレルギーの根深さは、核の脅威が確実に迫ってきている現状を考えれば、目を覆いたくなります。

言うまでもなく、核廃絶は人類の究極の目標であり、追求すべきものです。しかし、そのために重要なことは、この理想とする核廃絶に向かうために、具体的に何をどのようにしていくかということです。核廃絶に向かうには、核保有国の核弾頭数を調整、管理しながら削減していく「核軍縮」「軍備管理」と同時に、各国が保有している核弾頭を使わせない「核抑止」を着実に具現化していき、その結果として、この地球上から核をなくすというプロセスが必要です。単に「核廃絶が理想」と念仏を唱えるだけでは、核は無くなりません。

中国の核戦力の増強に、米国と日本はどう対処すべきか

では、どうすればいいのか。まずは核の現状から見ていきましょう。

今、地球上には、約一万二千発の核弾頭があります。この約十年間で、五千発ほど削減されています。これらは、米国、ロシアの退役した古い核弾頭を解体・廃棄したためで、これだけで核の脅威が減少しているとは言えません。逆に実際に使用できる核弾頭数は、二〇一八年以降の六年間で、九二六〇発から九五八三発まで三二三発増えています。その主体は中国の二六〇発（一〇八％増加）、北朝鮮の三十五発（一三三％増加）です。

米国は、この中国の核弾頭増加に歯止めをかけようと、これまで何度も中国と協議してきまし

た。最近では、二〇二三年十一月、アメリカのサンフランシスコで開かれた首脳会談にあわせて、核の軍備管理などを話し合う高官協議を再開させました。しかし、二〇二四年七月、中国外務省は、この高官協議について、アメリカによる台湾への武器売却を理由に停止すると発表しています。おそらく中国は、自国の核戦力が米国に追いつくまでは、核軍備管理に応ずることはないものとみておくべきでしょう。競争相手の米国よりも弱い核戦力の段階で、自国の軍備増強を止めるほど、中国がお人好しの国とは思えません。

このように、核大国の米国でさえ、中国、北朝鮮の核弾頭数増加を止められないのが現状です。日本が唯一の被爆国という立場から、核廃絶が理想と唱えることは大変重要であり、今後も続けていくべきと思います。しかし、いくら核廃絶を叫んでも、中国や北朝鮮には、何の効力もないことは理解しておくべきでしょう。

何よりも重要なことは、中国、ロシア、北朝鮮に核を使わせないことです。二度と我が国が核攻撃を受けることがないように、抑止することが最も重要です。そのためには、米国の核の力（核の傘）によって日本を守ってもらう「米国による拡大抑止」が機能するよう、日米関係の強化を図ることが欠かせません。併せて、全てを米国に頼るのではなく、我が国が独立国として、独自の抑止力を持つことが必要です。

読者の中には、本当に日本に対して中国や北朝鮮の核攻撃が行われるのか疑問に思われる方もいるでしょう。

今現在、米国の核戦力は強大であり、日米同盟も有効に機能していることから、直ちに日本が

出典：長崎大学核廃絶研究センター
『世界の核弾頭データ』2024年版

【図2】

現役核弾頭数の推移（2013～24年）

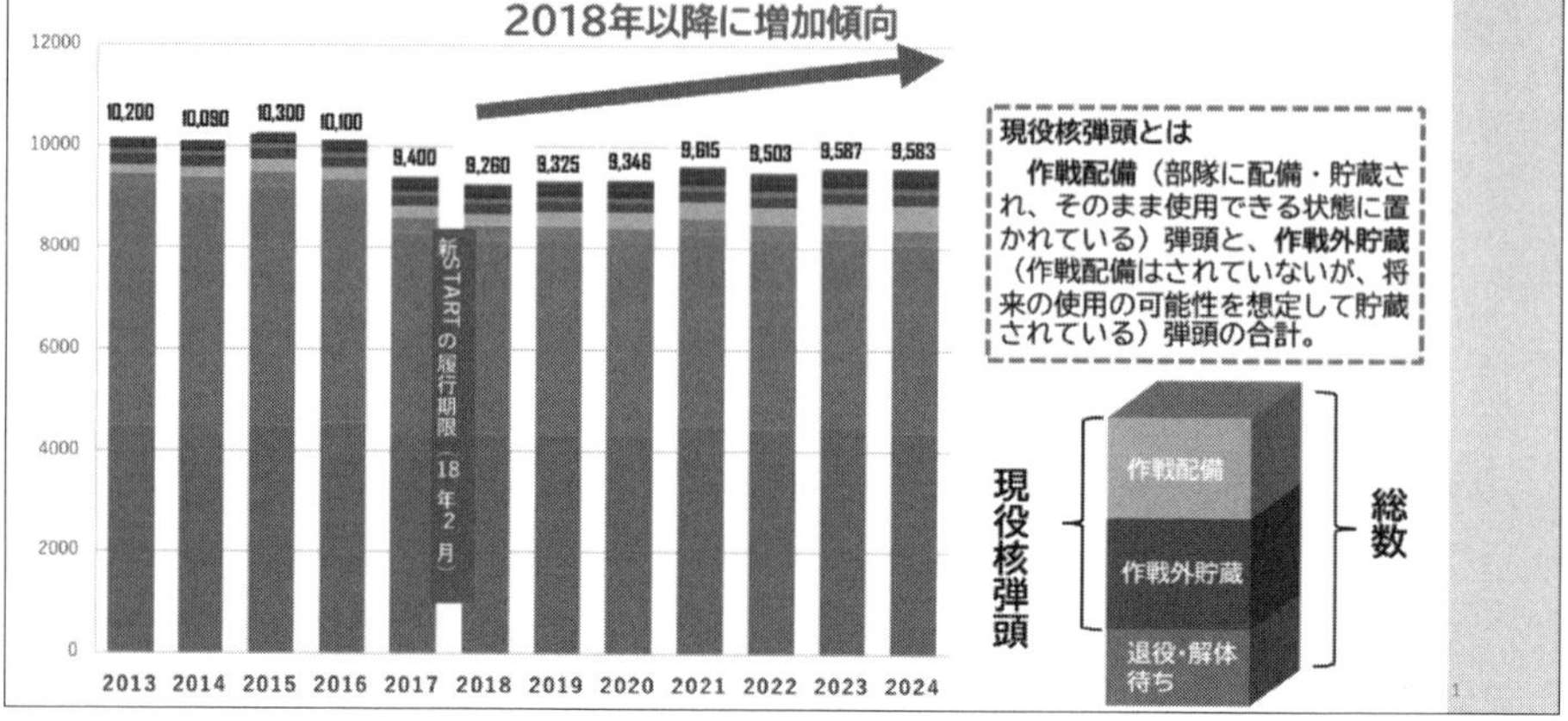

出典：長崎大学核廃絶研究センター
『世界の核弾頭データ』2024年版

現役核弾頭数の推移・国別（2018～24年）

国名	2018	2024	増減数（増減率）
ロシア	4346	4380	34(0.8%)増加 ⬆
米国	3800	3708	92(2.4%)減少 ⬇
中国	240	500	260(108%)増加 ⬆
フランス	290	290	0(増減なし) ➡
英国	215	225	10(5%)増加 ⬆
パキスタン	140	170	30(21%)増加 ⬆
インド	125	170	45(36%)増加 ⬆
イスラエル	80	90	10(13%)増加 ⬆
北朝鮮	15	50	35(233%)増加 ⬆
計	9251	9583	332(3.6%)増加 ⬆

核攻撃を受ける危険性は高くないと思います。しかし先にも述べたように、中国の核戦力が急速に拡大していることから、数年後には、米国でさえ、中国による台湾や日本に対する核使用恫喝・核使用を止められない状況に陥る可能性があります。

前米インド太平洋軍司令官アクイリノ大将が述べた通り、中国はこの三年間で核弾頭数を二六〇発から五百発以上に急速に増加させています。このままいけば、二〇三〇年には一千発を超える弾頭数を保有すると、米国防総省は報告しています（二〇二三年十一月二十九日）。

またストックホルム国際平和研究所も、二〇二四年の年鑑において、中国が核兵器の大幅な近代化と拡張段階にあり、既に保有する弾頭五百発のうち、二十四発が実戦配備されたことを指摘しています。また同年鑑によれば、核弾頭を運搬する手段としての地上発射弾道ミサイルを三四六発、潜水艦発射弾道ミサイルを七十二発、及び空中発射のミサイルを二十発配備していると報告しています。すなわち、核弾頭を増加させると同時に、その弾頭を目標地点に運搬するためのミサイルも着実に整備しているということです。

これら中国による核弾頭と運搬手段の配備が二〇三〇年頃、一千発以上のレベルになれば、一七七〇発の戦略核を配備している米国と、核抑止的には均衡状態となります。こうなると、地球規模の核戦争に突入することを避けることを優先するあまり、たとえば中国が広島レベル（十五キロトン）の小型の戦術核攻撃に踏み切ったとしても、それを止めることが難しくなる可能性が高まります。

具体的には、台湾有事において、米国が台湾を助けようとして軍事介入しようとした際、米国を支援する日本に対し、「もし米国を支援すれば、壊滅的な攻撃を日本が受け、日本が火の海になる。嫌ならば、米国支援を止めよ」と中国が脅すことが予想されます。こうなると、中国と全面的な核戦争に陥りたくない米国は、今のウクライナ戦争でロシアに遠慮してウクライナへの支援を制限しているように、中国を抑止することに躊躇するかもしれません。

米国にとって日本は、ウクライナとは違い、同盟関係を結んでいます。私の危惧が杞憂に終わることを願いますが、国家としては常に最悪の場合を想定して対応を準備しておくべきです。今、例示したような場合においても、確実に米国の核抑止を機能させるためにはどうすべきなのか。そして最悪、米国が躊躇した場合、日本独自で中国の戦術核攻撃を抑止するにはどうすればいいのか。日本国民の命を守るための問題として、タブーを排して議論すべきではないでしょうか。先述した国会議員のように、「核廃絶が理想だ」、米国に頼るだけの「拡大抑止を議論する」などといった綺麗事で済まされる問題ではありません。

核兵器の脅威と真向かい、タブーなき国民的議論を

私たち日本人は、長年、核の議論から逃げてきたがために、非核三原則のみならず、議論さえもしてはいけないという「非核四原則」に陥っていないでしょうか。あるいは、核を議論しようとすると、「核攻撃を受けた時は、米国が必ず日本を守るから心配するな」となだめられ、それで終わっていなかったでしょうか。

韓国では、北朝鮮からの核攻撃に対して非常に危機感が高く、統一研究院が実施した二〇二三年四月の世論調査では六十・二％が核保有に賛成でした。このような国民の核武装意見を踏まえ、尹《ユン》大統領は同月、バイデン大統領と会談し、ワシントン宣言（2023.4.26）を採択し、米韓の「核協議グループ（ＮＣＧ）」を創設しました。結果的には、韓国独自の核武装をあきらめ、核抑止に関する米国との協議のレベル・内容を充実させることで合意したのです。元々核武装に慎重な尹大統領の姿勢によるところも大きいですが、核不拡散条約（ＮＰＴ）を堅持し、核保有国をこれ以上増やさないことを重視する米国としては、当然の結果だと思います。

このように、米国と韓国では核抑止を主題としたトップ同士の核の会談が行われましたが、日米間ではどうでしょうか。公表されている限りにおいては、このような議論は全くなされていません。それは韓国のように、国内での議論の後押しがないということにも起因しているのではないでしょうか。

もちろん、日本国内においても、様々な意見が、研究会や論文などで発表されているのも事実です。その中には、日本が核を保有すべきという案、あるいは日米が核の共有を図るという案、米国の潜水艦に戦術核を搭載し日本に定期的に寄港してもらうという案など様々です。

ちなみに、この寄港してもらうという案については、二〇一〇年三月十七日の岡田克也外務大臣（当時）による衆院外務委員会の答弁で「核搭載米艦船の一時寄港を認めないと日本の安全が守れないならば、そのときの政権が命運をかけてぎりぎりの決断をし、国民に説明すべきだ」との見解が示されています。これは、いざという時には、「持たず、作らず、持ち込ませず」のうち、

「持ち込ませず」を撤廃して、非核二原則にすることを容認したものと言えるでしょう。

現在、日本政府としては、米国の核の傘の信頼性をさらに増大させることに重きを置いて努力がなされています。二〇二四年七月二十八日、拡大抑止に関する日米閣僚会合が、東京で開催されました。核を含めた米国の拡大抑止に関して、これまで十数年にわたり事務レベルの会合が行われてきましたが、閣僚レベルでの議論は初めてのことでした。

日米閣僚会合後の共同発表では、「閣僚は、米国の核政策及び核態勢並びに同盟における核及び非核の軍事的事項の間の関係性について緊密に協議する両国のコミットメントを再確認した。閣僚は、日米の抑止力及び抑止の方策に係る議論を継続する意図を改めて確認した」とあります。なかでも、「同盟における核及び非核の軍事的事項の間の関係性について緊密に協議する」と確認したことは重要です。日本独自の核保有による抑止が難しい現状においては、戦略核戦力による抑止を米国に委ねながらも、日本として、通常戦力による最大限の抑止力強化に努力することは、米国の核戦力及び日本の非核戦力の関係性を強化することになるからです。

この米国の核戦力と日本の非核戦力の関係性について、私の一案を具体的に説明したいと思います。先ほども例示しましたが、近い将来、米中の戦略核戦力がほぼ均衡状態になり、なおかつ中国が戦術核を日本に対して使用しようとした場合、これを抑止するため、中国の戦術核攻撃実行に不可欠な指揮・統制施設、戦術核発射施設などの軍事目標を、日本の非核戦力によって反撃することが期待されます。

この反撃に用いられるのは、現在開発中の射程延長されたスタンド・オフ・ミサイルや極超音速滑空弾が考えられます。この際、米国は、戦略核レベルで中国を抑止します。日本が反撃力を行使する際は、日本に対し中国の軍事情報を提供するとともに、日本の攻撃が及ばない軍事目標に対する非核攻撃を実施することにより、日米共同によって中国の戦術核攻撃を抑止する構想です。

これは、核攻撃に対して、通常戦力をもって抑止・対処する一方で、核戦争へのエスカレーションは防止するという、日本独特の抑止策ではないかと考えています。これはあくまでも私のイメージですが、このような議論が一般のメディアにおいても堂々と議論されることが必要ではないでしょうか。

重要なことは、安倍元総理がテレビ番組で指摘されたように、「国民や日本の独立をどう守り抜いていくのか現実を直視しながら議論していかなければならない」ということです。「二度と我が国に核攻撃をさせない」ことを目標に、国民の命にかかわる問題として、タブー視せず議論が広がることを願っています。

戦後レジームの原点、憲法九条と前文の見直しを

これまで、様々な観点から日本の安全保障に関しての課題等を述べてきましたが、これらの課題の根本は、戦後の占領下に作られた体制、いわゆる「戦後レジーム」に起因しているのです。そしてその最たるものこそが、憲法なのです。

安倍晋三総理は、この点を、第一次安倍政権当時の二〇〇七年、第一六六回国会施政方針演説において、次のように述べられています。

「憲法を頂点とした、行政システム、教育、経済、雇用、国と地方の関係、外交・安全保障などの基本的枠組みの多くが、二十一世紀の時代の大きな変化についていけなくなっていることは、もはや明らかです」「今こそ、これらの戦後レジームを、原点にさかのぼって大胆に見直し、新たな船出をすべきときが来ています」

この、安倍総理の言われる「原点にさかのぼる」ため、憲法制定の経緯をたどっていくと、「マッカーサー・ノート」に行き着きます。日本政府による憲法改正の動きは、昭和二十年十月二十七日、松本烝治国務大臣（憲法改正担当）を委員長とする「憲法問題調査委員会」が初会合を開いたあたりから始まります。

憲法問題調査委員会試案の内容は、端的に言えば、大日本帝国憲法の一部を修正し、陸海空軍をまとめて一つの軍とするとともに、軍事行動に当たっては、議会の賛成を必要とするという程度のものでした。

このことが毎日新聞によって報じられると、連合国軍最高司令官総司令部（ＧＨＱ）は難色を示しました。その後、昭和二十一年二月三日、マッカーサー司令官が、ＧＨＱ民政局に憲法草案作成を命じます。これがいわゆるマッカーサー・ノートです。このノートに記された三項目を基本にしたＧＨＱ案が、二月十日マッカーサー司令官に提出され、その三日後の二月十三日、ＧＨＱのホイットニー民政局長らが、政府にＧＨＱ草案を渡しました。

この間、日本政府は、松本試案を元にした「憲法改正要綱」を取り入れるようGHQに要請しますが、GHQは拒否しています。そして、二月二十六日、GHQ草案を受け取った政府は、この草案を元に、憲法改正草案の作成に着手します。約一週間後の三月四日、日本政府は「憲法改正草案」をGHQに提出。四月十七日、政府は「憲法改正草案」を公表しました。

その後の衆議院における芦田修正（九条二項に「前項の目的を達成するため」の文言を挿入）により、自衛力を放棄しないための修正が加えられるなど、一部の修正がなされましたが、日本国憲法の基本は、占領軍によって作られたものと言って差し支えないでしょう。

今日の憲法の原点になったマッカーサー・ノートの三項目は次の内容です。

①「天皇は国家の元首の地位にある。皇位は世襲される。天皇の職務および権能は、憲法に基づき行使され、憲法に表明された国民の基本的意思に応えるものとする」

②「国権の発動たる戦争は、廃止する。日本は、紛争解決のための手段としての戦争、さらに自己の安全を保持するための手段としての戦争をも、放棄する（1）。日本はその防衛と保護を、今や世界を動かしつつある崇高な理想に委ねる。日本が陸海空軍を持つ権能は、将来も与えられることはなく、交戦権が日本軍に与えられることもない（2）」

③「日本の封建制度は廃止される。貴族の権利は、皇族を除き、現在生存する者一代以上には及ばない。華族の地位は、今後どのような国民的または市民的な政治権力を伴うものではない。予算の型は、イギリスの制度に倣うこと」

ここでは、特に②の国防について、憲法条文との関係を見てみたいと思います。傍線部（1）は、普通に読めば、日本を二度と戦争のできない国にしようというマッカーサーの意図が明らかになっています。また、傍線部（2）は、日本の防衛を国連等、国際社会に委ねる。日本は自ら戦争はしないし、防衛も他人任せにするから、戦争を起こす軍隊は日本にはいらないということを表しています。

このマッカーサー・ノートの趣旨は、しっかりと憲法に反映されています。

九条一項「正義と秩序を基調とする国際平和を誠実に希求し、国権の発動たる戦争と、武力による威嚇又は武力の行使は、国際紛争を解決する手段としては、永久にこれを放棄する」

九条二項「前項の目的を達するため、陸海空軍その他の戦力は、これを保持しない。国の交戦権は、これを認めない」

さらに、「日本はその防衛と保護を、今や世界を動かしつつある崇高な理想に委ねる」との趣旨は、憲法前文の「平和を愛する諸国民の公正と信義に信頼して、われらの安全と生存を保持しようと決意した」に反映されています。国連が創設され、諸国民の公正と信義に信頼できる世界になるのだから、日本の安全と生存をその平和を愛する諸国民に委ねるということなのでしょう。占領下にあり、これに逆らえなかった日本政府としては、芦田修正を加えることが精一杯だったのかもしれません。修正を元にその後の日本は、戦力に至らない必要最小限度の自衛力は保有し、自衛戦争は可能であるとの政府解釈を持って、防衛政策を進めてきました。

このことは、『防衛白書』にも説明されています。

「わが国は、第二次世界大戦後、再び戦争の惨禍を繰り返すことのないよう決意し、平和国家の建設を目指して努力を重ねてきた。恒久の平和は、日本国民の念願である。この平和主義の理想を掲げる日本国憲法は、第九条に戦争放棄、戦力不保持、交戦権の否認に関する規定を置いている。もとより、わが国が独立国である以上、この規定は、主権国家としての固有の自衛権を否定するものではない。政府は、このようにわが国の自衛権が否定されない以上、その行使を裏づける自衛のための必要最小限度の実力を保持することは、憲法上認められると解している。このような考えに立ち、わが国は、憲法のもと、専守防衛をわが国の防衛の基本的な方針として実力組織としての自衛隊を保持し、その整備を推進し、運用を図ってきている」(『防衛白書』二〇二三年)

憲法制定から約八十年。国の安全と生存にかかわる根本的な事柄を、いつまで解釈に頼っているのでしょうか?

憲法の前文にも記された、「平和を愛する諸国民の公正と信義」は、ロシア、中国、北朝鮮に当てはまるでしょうか?

これらの国々に日本の安全と生存を委ねることは絶対にできません。また、国連が機能しないことは、ウクライナ戦争で明らかになりました。国連が機能するというユートピア的前提で作られた憲法前文は、完全に時代遅れになっています。

元自衛官として切実な憲法改正への思い

私は、この憲法前文の認識を修正し、さらには第九条二項「前項の目的を達するため、陸海空軍その他の戦力は、これを保持しない。国の交戦権は、これを認めない」を撤廃すべきだと思います。誰が読んでも、普通の国の軍隊として、国を守る戦力を持てる憲法に改正すべきです。もちろん、自らが戦争を他国に仕掛けることはしないことを誓う九条一項は残すべきです。

しかし、憲法改正の実現可能性を睨《にら》んだ時、九条二項撤廃の議論が未だ低調なことや、前文が議論されていない現状から、現在自民党などが検討している、「自衛隊明記」案に対しては、憲法改正の第一歩としては賛成します。

また、「緊急事態条項」は待ったなしです。コロナ禍のときに、政府はその都度、必要な法律を作らざるを得ず、対応が追い付いていなかった部分もあったと思います。もう二度とそういうことがないように、細かいことまでを決めておく必要はないと思いますが、大きなところだけでも決めておくべきだと思います。緊急時、最低限の私権を制限する事項、あるいは本当に国が騒擾状態になったときに、国家として大事な立法・司法・行政の三権が必ず機能するように、憲法に定めておくことは不可欠です。そのようにして、少しずつ憲法を本来あるべき姿に近づけていって欲しいと思います。

終わりに元自衛官としての、憲法改正に対する思いを述べたいと思います。

自衛隊員（自衛官、事務官及び技官）は、入隊時にあたり宣誓をします。

それは、「私は、我が国の平和と独立を守る自衛隊の使命を自覚し、日本国憲法及び法令を遵守し、一致団結、厳正な規律を保持し、常に徳操を養い、人格を尊重し、心身を鍛え、技能を磨き、政治的活動に関与せず、強い責任感をもつて専心職務の遂行に当たり、事に臨んでは危険を顧みず、身をもつて責務の完遂に務め、もつて国民の負託にこたえることを誓います」というものです。

この中で、最も重要な点は、いざという時は、国のために命を懸けるという、国家国民に対する誓いです。

一方、この宣誓には、「日本国憲法及び法令を遵守し」という言葉もあります。憲法に自己の立場が明記されず、自分の立場が曖昧なまま、憲法学者から違憲といわれ、それでも自衛隊員はいざという時には、国のために命を懸けようとしているのです。

マーク・ミリー前米統合参謀本部議長は、二〇二三年九月二十九日、バイデン大統領が陪席する退任式において、退任の辞を述べました。彼は、「私たちは王や女王、暴君や独裁者に誓いを立てたりはしない。そして、独裁者志願者に対しても宣誓しない」「私たちは個人に対して宣誓するのではありません。憲法に宣誓し、アメリカという思想に宣誓し、それを守るためなら死も厭《いと》わない」という言葉を残しています。

憲法に忠誠を誓い、憲法を、そしてアメリカを守るためなら死をも厭わない、というのが、米軍人と憲法の関係です。自衛隊員も心からそう言える憲法との関係でありたいと願っています。
最後に、初代宮内庁長官 田島道治氏が、その『拝謁記』に記した昭和天皇のお言葉（昭和二十七年）を紹介して、本書を締めくくりたいと思います。

（憲法改正に関して）「他の改正ハ一切ふれずに軍備の点だけ公明正大に堂々と改正してやつた方がい、」

（再軍備に関して）「侵略者のない世の中ニなれば武備ハ入《い》らぬが侵略者が人間社会ニある以上軍隊ハ不得已《やむをえず》必要だ」

あとがき

国防の任に三十七年間あった者として、対象となる相手の意図や能力を、その発言や行動から読み解くことを習性化してきました。退官後も、その習性は変わらず、じっと情勢を見てきましたが、中国のここ十数年の軍事力増強は、異常とも言えるスピードで進んでおり、止まる気配がありません。また、国際秩序を無視し、自国の主張を最優先して他国の主権を脅かす行動は、とても許容できるものではありません。習主席の意図も益々先鋭化しており、台湾のみならず、我が国に対しても、いつ脅威が現実のものとなってもおかしくない状況に変化しつつあります。

たとえば、本書を執筆している最中の二〇二四年八月二十六日、中国は、人民解放軍Y９情報収集機をもって、長崎県男女群島沖の日本の領空を侵犯しました。これまで尖閣諸島には、中国国家海洋局（当時）に所属する小型機Y‐12（二〇一二年）と無人機（二〇一七年）が侵入する事案はありましたが、我が国領空に中国の軍用機が侵入したのは初めてでした。

その五日後には、中国海軍の測量艦が鹿児島県口永良部島《くちのえらぶじま》南西の日本領海に侵入しました。完全に排他的な領空とは違い、領海には他国の軍艦であっても平和や秩序、安全を害しない限り通航が許される「無害通航権」があります。しかし測量艦は、海水の温度や海底の地形、水深などを計測できます。加えて、この日を含む中国艦艇の過去十三回の領海侵入のうち十一回は口永良部沖です。中国が、潜水艦などの航行に必要な情報を計画的、継続的に収集していると見て間違いなく、「無害通航」とは言えない国際法違反です。

さらに九月十八日には、空母「遼寧」及びミサイル駆逐艦二隻が、与那国島と西表島《いりおもてじま》の間にある接続水域を通って太平洋に抜けました。空母が日本の接続水域に侵入するのは、これが初めてです。接続水域は、領海の外側十二海里（約二十二㎞）までの水域を指しますが、領海のような管轄権はなく、原則どの国の船も自由に航行できます。しかし、領空侵犯など一連の動向を踏まえれば、日本や地域の安全保障環境上の観点から全く受け入れられないものです。

日本政府として、連続して起きたこれらの事案に対し、その都度抗議はしていますが、中国にはまったく効き目がありません。この背景には、習近平国家主席の指示があると見られます。人民解放軍創設記念日を二日後に控えた七月三十日、中国共産党政治局第十六回集団学習の場において、習主席は、「国境・海空域防衛の新たな状況、新たな特徴、新たな要請を把握し、強大で堅固な現代的国境・海空防衛力の整備に努力せよ」と指示しています。中国軍東部戦区は、この指示に忠実に従い、新たな行動に出たのだと言えます。

このような変化も含め対象国の意図や能力を、専門家のみならず国民も含めて正しく認識し、国全体として最悪に備えておくことは国家安全保障の基本です。

しかし、戦後七十九年経た今なお、我が国においては国を守る意識が希薄なままであり、いざという時にこれで大丈夫なのかと心配するのは、筆者のみではないでしょう。国防への忌避意識、核抑止に対するアレルギー反応、そして靖國神社参拝に対する近隣諸国による内政干渉への対応、そしてそれらの根源とも言える憲法問題は、今もなお、主権国家としての日本の真の意味での独立を阻んでいます。本来、平和は、国防に対する国民の強い意志と防衛努力があって初めて成り立つものであるにもかかわらず、米国の庇護《ひご》に頼りきりで、深く考えてこなかったツケが、今を生きる私たち日本人に突きつけられています。

本文においても述べましたが、世界の力関係がドラスティックに変貌し、日本の頼みの綱であった米国の庇護が期待できなくなっている現状において、私たち日本人は、日本の平和と独立、そして国民の生命と財産をどのように守り、平和国家として発展させていくか、真剣に議論しなければならない時代になっていることに気付くべきです。

本書ではそのような視点に立ち、防衛の厳しい現状を努めて憶測を排し、事実関係を基に整理して説明したつもりです。これまでタブーとされてきた本質的な問題も含め、普通の国で行われている当たり前の議論として、一人でも多くの方に問題認識を共有頂ければ、望外の喜びです。

最後に、本書の出版を企画し、ご尽力頂いた明成社の和田浩幸氏に感謝申し上げるとともに、自衛官自身のことでもあることから本文では記述を控えた、自衛官の処遇に関し、長年の思いを付け加えさせて頂き、終わりに致します。

自衛隊員が、入隊にあたり自衛隊法の規定に基づき服務の宣誓を行うこと、そしてその宣誓には、「事に臨んでは危険を顧みず、身をもつて責務の完遂に務め、もつて国民の負託にこたえることを誓います」との一文があることは本文に述べました。これは「命を賭してでも国を守る」ことを、国家・国民に対して誓うものであり、命のやり取りを意味するものです。私自身もその覚悟で三十七年間勤務してきました。

自らの立場が曖昧な憲法を遵守しつつ、自己の命を賭けてでも国を守ろうとする――。この耐え難い矛盾に苦悩しつつも、私は現役時代、自分自身に、そして部下たちに、「我々は、自己犠牲による利他の精神、他を利する精神を実践する崇高な職業に就いている。自らの道が正しいことを信じ、迷うことなく、悩むことなく、ただひたすら誇りと矜持《きょうじ》を持って国防の任にまい進すべきである」と言い聞かせてきました。「士は、己を知る者のために死す」との言葉があります。国家として、自衛隊員に、「命を懸けろ」と言うなら、その隊員の気持ちを理解し、あるべき姿に改革していくのが政治の責任だと思います。

　その改革の一つが、いざという時に、国の命令により究極の任務を遂行し、戦死という最大の犠牲を払った隊員に対する慰霊の在り方ではないでしょうか。最高指揮官である内閣総理大臣の命を受け、国土防衛の任を遂行中に命を落とした場合、その隊員の国家への忠誠と献身を称え、霊を慰めることは不可欠であり、国家としてのその姿勢が、他の隊員をして、国を守ろうとする強い気概を育むのです。

　その際、どこに葬られるかは、隊員の士気にもかかわる極めて重く、重要な問題です。二〇二二年十二月に閣議決定した戦略三文書には、有事への強い危機感が示され、戦争を抑止するための具体化が進んでいます。同時に、仮に自衛官が戦死した場合の様々な処遇等を検討するとともに、死後における慰霊の在り方についても、静かに議論を深めていくべきだと思います。

　そもそも自衛官の戦死に関わる具体的な検討がおろそかになっていること自体が、我が国が未だに「戦争」に真剣に向き合えず、戦後レジームから脱却できていない証左かもしれません。かつて安倍総理は、戦後レジームから脱却する具体的取り組みの一つとして、終戦七十年の平成二十七年八月十四日に「戦後七十年の談話」を閣議決定しました。
「尊い犠牲の上に、現在の平和がある。これが、戦後日本の原点である」「二度と戦争の惨禍を繰り返してはならない。先の大戦への深い悔悟の念と共に、我が国は、そう誓った」「自由で民主的な国を創り上げ、法の支配を重んじ、ひたすら不戦の誓いを堅持してきた」などと述べた上で、「あの戦争には何ら関わりのない、私たちの子や孫、そしてその先の世代の子どもたちに、謝罪を続ける宿命を背負わせてはなりません。しかし、それでもなお、私たち日本人は、世代を超えて、過去の歴史に真正面から向き合わなければなりません」と強調されています。特に、「七十年間に及ぶ平和国家としての歩みに、私たちは、静かな誇りを抱きながら、この不動の方針を、これからも貫いてまいります」と述べられたことは重要です。

私は現役当時から、個人的には、もしいざという時が訪れ最期の時が来たならば、靖國神社に祀って欲しいとの願いを持っていました。現状は、国として、一宗教法人である靖國神社への自衛官の合祀を進めることは無理があるでしょう。しかし、自衛官個人が希望し、靖國神社側が認めれば、それは決して不可能ではないはずです。自衛官を合祀する護国神社は現に存在します。

靖國神社への自衛隊員の合祀が進めば、反対意見も起こるでしょう。去る二〇二四年一月九日、時間休を取って私的な立場で参拝した陸自幹部たちを、「第二次大戦のA級戦犯が合祀されている靖國神社を自衛官が組織的に参拝していたとすれば、不適切だと言わざるを得ない」と指摘した毎日新聞社など、靖國神社と自衛隊員との関係を警戒するメディアが、国内に存在します。

この主張は、中国や韓国と同様のA級戦犯の合祀に関する誤解に基づいています。しかし、日本としては、国会が昭和二十八年、「戦犯」赦免を全会一致で決議し、政府はA級を含め刑死した受刑者の遺族にも遺族年金を支給してきました。これはすなわち、日本国家として戦犯の区別をしないと決定していることを意味します。

私たち日本人は、いつまで自国の戦歿者の慰霊をめぐって他国に配慮し続けるのでしょうか。安倍総理の言葉のとおり、戦後七十有余年、これまでの平和を大事にする日本の歩み、そして多くの日本人の苦闘の歴史に自信と誇りを持ち、主権国家として堂々と生きていくべきではないでしょうか。

主権とは、対外的には国家の独立性を保持し、外国からの干渉を排除する権利と理解しています。そうであるなら、神社への参拝という日本古来の伝統・風習を守り続ける独立性、そしてその行為に対する外国からの干渉を排除して初めて、我が国は主権国家たり得ます。

靖國神社への合祀は一つの例ですが、死後の慰霊についてのみならず、現役の自衛隊員たちが、真に命を懸けられる真っ当な軍事組織に進化させるべきと強く願っています。

ぜひ、国・防衛省においては、覚悟を持って有事に真正面から向き合い、国を守るため熾烈な環境で戦い、状況によっては国土防衛の現場で最期を迎える自衛官の栄典、慰霊・顕彰、遺族に対する手厚い補償、そして負傷した自衛官と家族の一生の処遇など、本質的な検討に取り組んでいただくよう強く願っています。

令和六年初秋

岩田清文